わかる！楽しい！

中学校数学 授業のネタ

110

玉置 崇
［編著］

1年

明治図書

はじめに

　ありがたいことに，全国各地で数学授業づくりに関する講演をさせていただいています。

　そのときに結構な頻度であるのが，2014年3月に発刊した『わかる！楽しい！中学校数学授業のネタ100』の書籍を持参され，「サインしてください」と言われることです。著者としてこんなにうれしいことはありません。

　「玉置先生，この本は私の数学授業バイブルです。職員室と自宅の机上に各学年1冊ずつ置いてあります」

　「この本の傷み具合を見ると，何度も本を開いていることがわかっていただけますよね。数学授業づくりにこんなに役立つ本は他にありません」
などと言ってくださる方もいて，心の中が喜びでいっぱいになることがあります。

　それと同時に，発刊してから10年以上経ったことから，新たなネタをそろえて新版を出す機会があるといいなと思っていました。そうした中，明治図書出版の矢口郁雄さんから「新版を出しませんか」と声をかけていただきました。上記のように読者からうれしい声をいただけるのも，矢口さんが前作を親しみやすく活用しやすい書籍に仕上げてくださったからです。その矢口さんからの新版発刊の相談には，二つ返事で了解しました。

　今回は110本の数学授業ネタを提案しました。110本のうち95本はまったくの新ネタです（残りの15本は，前作に収録したネタに改良を加えたものです）。つまり，前作をお持ちの方は，数学ネタを200本近く手に入れることになります。どうぞ存分にご活用ください。

　本書では，各単元とも「説明ネタ」「課題ネタ」「教具ネタ」「探究ネタ」で構成しました。前作の「習得ネタ」は「説明ネタ」の中に包括し，新たに

「探究ネタ」のカテゴリーをつくりました。「探究ネタ」を提案したのは，様々な理由があります。その理由の１つは，数学は現実問題を解決するために役立つ学問であり，探究ネタによって生徒に数学が現実世界と密接に関連していることを実感させたいという思いがあったからです。「教具ネタ」は，１人１台の情報端末が活用できる状況であることを前提としています。前作から学習環境がかなり変化していることを改めて実感します。

　また，単なるネタ（問題や説明）の紹介にとどまらず，そのネタを使って授業をする際の教師の心得，生徒の反応例とその生かし方，数学的な見方・考え方とのつながりなども記載しています。１つのネタは前作同様に１ページにまとめ，日常授業で使いやすいようにしました。

　さらに，110本のネタを執筆するにあたって，執筆者（玉置崇・芝田俊彦・山本龍一・松井大樹）で，数学授業勉強会を開きました。この原稿で，若い先生方にネタの価値，そのネタを生かす授業イメージなどが伝わるかどうかをしっかり検討しました。ベテランの先生方には，生徒とともにつくる数学授業の楽しさやおもしろさがより伝わるように，模擬授業などもしながらネタを練り上げました。

　こうして自信をもって世に出せる本になったと自負しています。拙著を活用して，全国各地で生徒とともにつくる知的で楽しく充実した数学授業が実践されることを執筆者一同祈念しています。

2025年1月

玉置　崇

目　次

はじめに／002

わかる！楽しい！
毎日の授業で本当に役立つネタ

1　ネタをより生かすために／010
2　心理的安全性が高い数学教室を／013

わかる！楽しい！
中学1年の数学授業のネタ110

正の数・負の数

正の数・負の数	説明	1	教科書を深く読もう／016
	課題	2	負の数を例示してみよう／017
	課題	3	数直線上に負の数を表そう／018
	説明	4	新しい数を学ぶときまず何をする？／019
	課題	5	キャラクターのつぶやきについて考えてみよう／020
正の数・負の数の計算	説明	6	符号なの？　演算記号なの？／021
	課題	7	正負の数の加法をマスターしよう／022
	教具	8	グループ全員の合計点は？／023

004

課題	9	教科書の説明の意味を探ろう／024
課題	10	九九表を整数の範囲に広げよう／025
探究	11	乗法の法則を考えよう／026
課題	12	正の数になるの？　負の数になるの？／027
課題	13	指数の法則を見つけよう／028
探究	14	指数にいろいろな数を入れてみよう／029
課題	15	なぜ0でわってはいけないの？①／030
課題	16	なぜ0でわってはいけないの？②／031
課題	17	間違えやすい箇所をリストアップしよう／032
教具	18	Google フォームで理解度チェックしよう／033
教具	19	ペアで計算力を高めよう／034
教具	20	この操作は何をしているの？／035
探究	21	答えは正の数？　負の数？／036

正の数・負の数の利用

課題	22	つぶやきの理由を考えよう／037
説明	23	新しい数の学び方を振り返ろう／038
課題	24	どちらの平均記録が高い？／039

文字の式

文字を使った式

説明	25	表を示している理由を考えよう／040
説明	26	文字式に単位は必要？／041
課題	27	文字式の表し方のよさを知ろう／042
課題	28	等号や不等号の記号に敏感になろう／043
説明	29	$x \leqq 5$ はどう読む？／044
課題	30	式の操作を行き来しよう／045
課題	31	代入のイメージを膨らませよう／046
教具	32	文字ポケットを使って代入をマスターしよう／047
探究	33	$3a$ は $2a$ より大きいと言っていいの？／048
探究	34	必ず指数から計算しないといけないの？／049
教具	35	クイズで文字式の表し方をマスターしよう／050

	課題	36	様々な式表現があることを理解しよう／051
	課題	37	文字の式が表している例を考えよう／052
	課題	38	x 点があるから，平均得点は求められない？／053
文字式の計算	説明	39	「一次」の意味を深く知ろう／054
	説明	40	式を簡単にするとは？／055
	説明	41	なぜ（　　）は必要なのかな？／056
文字式の利用	課題	42	数量の関係は正しく式に表現されている？／057
	探究	43	どちらがお得に買えるかな？／058

方程式

	課題	44	どちらも同じことを言っている？／059
方程式	説明	45	方程式の「答え」ではなく「解」という理由とは？／060
	説明	46	「等式の性質」の"性質"とは？／061
	教具	47	移項のイメージをつかもう／062
	課題	48	方程式を頭の中で解こう／063
	説明	49	分母を機械的に払わないようにしよう／064
	課題	50	工夫して解きたくなる方程式をつくろう／065
	説明	51	解の意味にもう一度戻ろう／066
	課題	52	基本的な方程式の解き方を定着させよう／067
方程式の利用	課題	53	余るときは「たす」と考えればいいの？／068
	課題	54	その解は問題に合っている？／069
	教具	55	1人1台端末で自分の状況を知らせ合おう／070
	探究	56	方程式で解ける問題をつくろう／071
	探究	57	□倍のときはいつ？／072

比例と反比例

	探究	58	ともなって変わる数量をたくさん見つけよう／073
関数	説明	59	数学的な表現にこだわろう／074

		課題	60	関数と言えないものを見つけよう／075
		教具	61	どこを測っているの？／076
		説明	62	変域はどんなときにつけるの？／077
比例		説明	63	将棋の解説を読み解こう／078
		課題	64	座標の表し方を使っているものは？／079
		教具	65	比例のグラフはどう変化する？／080
		課題	66	表・式・グラフを関連づけよう／081
反比例		課題	67	グラフとは点を結ぶもの？／082
		教具	68	反比例のグラフはどのように変化する？／083
		課題	69	グラフがx軸やy軸に接しない理由は？／084
比例，反比例の利用		探究	70	並んでいる人数から待ち時間を予想しよう／085
		探究	71	解凍する時間とワット数の関係は？／086

平面図形

直線と図形		説明	72	図形って何？／087
		教具	73	作図に必要な持ち物をそろえよう／088
		説明	74	直線をイメージしよう／089
		説明	75	定義に当てはまらないものは？／090
		説明	76	直線と直線の位置関係を整理しよう／091
移動と作図		課題	77	伝統的な模様から3つの移動を見つけよう／092
		教具	78	図形の移動をじっくり観察しよう／093
		課題	79	角の二等分線の作図を見て，考えよう／094
		課題	80	円の中心はどこ？／095
		探究	81	75°の角を作図しよう／096
円とおうぎ形		説明	82	弓の字に注目しよう／097
		課題	83	ケーキを3等分にするには？／098
		課題	84	共有する点の数に注目しよう／099
		探究	85	面積を求める問題をつくろう／100

空間図形

立体と空間図形			
	探究	86	立体の辺，面，頂点の数を調べよう／101
	課題	87	立面図も平面図も正方形になる立体を考えよう／102
	課題	88	見取図，展開図，投影図の特徴に迫ろう／103
	説明	89	平面から空間へと視点を広げて考えよう／104
	説明	90	空中にある点 A を通る線をかこう／105
	課題	91	空間における位置関係を実感しよう／106
	教具	92	ねじれの位置を実感しよう／107
	説明	93	「位置関係」って何？／108
	教具	94	いろいろな位置関係を撮影しよう／109
	課題	95	面や線を動かしてできる立体を探そう／110
立体の体積と表面積	課題	96	回転体の体積を求めよう／111
	教具	97	動画が伝えたいのはどんなこと？／112
	説明	98	球の体積の公式を求めよう／113

データの活用

ヒストグラムと相対度数			
	課題	99	50m走のタイムが遅い方が年収は高い!?／114
	課題	100	棒グラフとヒストグラムの違いは何？／115
	教具	101	アンケートフォームでデータを集めよう／116
	教具	102	Google スプレッドシートを活用しよう／117
	説明	103	代表値と考えられるものをすべて抜き出そう／118
	課題	104	バランス感覚がよい人はどんな人？／119
	課題	105	データから必ず言えることを考えよう／120
	探究	106	テスト結果の言い訳を考えよう／121
	探究	107	どの配り方が一番よい？／122
	探究	108	分析したことをスライドにまとめよう／123
データに基づく確率	説明	109	「確率」の説明を掘り下げよう／124
	課題	110	2040年の出生数や出生率を予想しよう／125

わかる！楽しい！
毎日の授業で本当に役立つネタ

1 ネタをより生かすために

(1) まずは教師が数学ネタを楽しむ

　一番大切なのは，先生自身がネタを楽しむことです。例えば，「$3a$ は $2a$ より大きいと言っていいの？」（p.48）というネタがあります。こんなおもしろいネタはないと思います。

　ネタを楽しむには，まずは生徒の気持ちになることです。この問いが提示されたときの生徒の気持ちを想像してみましょう。

　「$3a$ は $2a$ より大きいに決まっているのに，どうしてこんな簡単なことを聞くのだろう」

　「待てよ。これは『ひっかけ問題』かもしれない」

　「a という文字が怪しい」

　「いつもより先生がニコニコしている。何かあるぞ」

などと生徒の反応を予想すると，ネタのよさがわかってくると思います。

　そして，こういう反応を授業で引き出すためには，どのような発問・指示をするとよいかを考えます。生徒から素直な意見を出させようとすれば，

　「この問題を見て思うことを自由に発言してください。解答ではありませんよ。心に浮かんだことを遠慮なく発言してください」

といった指示が考えられます。

　私はこうした発問や生徒反応を考えることが楽しくて仕方がありません。生徒が簡単過ぎると言ったら，「簡単過ぎるってどういうこと？」と返そうと考えたり，「私を疑っている人がいるようですね」とゆさぶったりしながら，生徒の言葉でつくる授業を想像して，ワクワクします。本書では，こう

した気持ちになるネタをたくさん紹介しました。

(2) ネタの意図をつかむ

「□倍のときはいつ？」（p.72）というネタがあります。３倍とか４倍といった具体的な数値ではなく，□倍としている意図をつかんでいただくと，そのネタをより効果的に使うことができます。

本書の110本のネタの中では紹介していない方程式の問題を例にして，ネタの意図をつかむ手順を説明します。

> ケーキ６個と60円のゼリー１個の代金は，ケーキ１個と150円のアイスクリーム１個の代金の４倍になりました。このケーキ１個の値段は，いくらでしょう。

この問題を解いてみると，ケーキ１個の値段は270円となります。ありふれた問題ですが，この問題の４倍を□倍にするだけで，深く考えさせられる問題となります。

> ケーキ６個と60円のゼリー１個の代金は，ケーキ１個と150円のアイスクリーム１個の代金の□倍になりました。このケーキ１個の値段は，いくらでしょう。

□倍とする意図は何だと思われますか。

教科書等で示される方程式の問題は，当然，解があるものです。その解も現実的なものです。しかし，世にある問題は，すべてが解けるものではありません。解が出たとしても，それは妥当性があるものかどうかを考えなくてはなりません。

□倍を仮に1倍，2倍…，6倍としてみると，

1倍…ケーキ1個の値段→18円

2倍…ケーキ1個の値段→60円

3倍…ケーキ1個の値段→130円

4倍…ケーキ1個の値段→270円

5倍…ケーキ1個の値段→690円

6倍…ありえない

となります。このように□の数値をいろいろ変えてみると，4倍としたときのケーキの値段が一般的なものであることに気づきます。この問題を通して，このことに気づかせることが意図です。この意図を捉えていただくと，教師の生徒に投げかける指導言もよりシャープになります。

「□倍としてあるのは，どうしてだと思う？」

「□倍としてあるのは，何倍でもいいからだろうか？」

など，問題の本質に迫る指導言が発せられるのです。

(3) オリジナルのネタづくりに挑戦する

　本書で紹介する110本のネタを基に，ぜひオリジナルのネタづくりに挑戦していただきたいと思います。例えば，「角の二等分線の作図を見て，考えよう」（p.94）を基にすると，「線分の垂直二等分線の作図を見て，考えよう」というネタを思いつく方が多いことでしょう。

　「角の二等分線の作図を見て，考えよう」は，角の二等分線をかいている動画を見せて，何をしているかを考えさせるネタです。それを説明させる活動を通して，角の二等分線のかき方のポイントを言語化させる意図があります。また，操作活動を自分の言葉で表現させることで，思考力・判断力・表現力等を身につけさせようという意図もあります。

　こうしたことに気づくと，オリジナルなネタが浮かんできます。ぜひそのネタを生徒にぶつけてみてください。きっと授業が楽しくなるはずです。

2 心理的安全性が高い数学教室を

(1) 「わからない」と言える数学教室づくり

数学授業に限ったことではありませんが，教室では気軽に「わからない」と言える空気があることが大切です。安心して授業を受けることができる教室であってこそ，数学が楽しめるからです。「間違えたらバカにされるかもしれない」「『わからない』と言ったら，『何を聞いているんだ！』と先生から言われるかもしれない」などという不安な気持ちがあっては，楽しく学ぶことはできません。

授業開きでは，「『わからない』と言えることの価値」を，ぜひとも生徒に伝えましょう。ある生徒が『わからない』とつぶやいたことから，学びが発展したり，進化したりした例を伝えることも有効です。

また，「表情発言」を推奨しましょう。挙手発言だけではなく，表情による発言があることを丁寧に説明するとよいでしょう。よくわかったときは明るい表情を，よくわからないときは難しい表情をすればよいと伝えましょう。表情を基に指名したり，発言者につないだりすることを具体的に示して，安心させることです。そのためにも，教師は表情豊かに，

「そう，そう，そのように『よくわかりました』という表情をしてくださいね。よい表情を見ると，私も安心できます」
と明るく話しましょう。

少人数の方が「わからない」と気軽に言えることから，ペアや4人で話し合う（聴き合う）場面を多く取り入れることも伝えておきましょう。生徒がそうした意図を理解していると，心理的安全性を高めるのに効果があります。

013

(2) 話し合う（聴き合う）ことが楽しい集団に

　ある数学授業を参観したときのことです。

　4人で話し合う（聴き合う）場面がありました。教室には8グループほどありましたが，すべてのグループが課題解決のために自分の考えを出し合い，聴き合い，学び合っていました。「それはどうして？」「そこはわかったけど，なぜこの式が出てくるのかがわからない」などと，解決に向けての話し合い（聴き合い）を楽しんでいました。「なぜこんなにも話し合ったり，聴き合ったりすることが楽しそうなのだろうか」と不思議に思えるほどでした。

　そこで，授業者の先生に尋ねてみたところ，どの学級も楽しく話し合う集団にするためのヒントがもらえました。その先生は，最初に次のように言われました。

　「授業中に楽しんで話し合える集団は，普段から話し合うことを楽しんでいるはずです」

　確かにその通りです。「授業だから」「指示されたから」では，急に話し合う集団になることはありません。日頃から互いに思うことを伝え合える集団であるはずです。

　「私の学級では，朝の会に4人で2分間話し続けるワークショップを行っています。テーマは日直が提案することにしています。『自分が好きな食べ物を伝え合う』というテーマが出されたことがあります。そのテーマで2分間話し続けるのです。こうしたテーマなら，だれもが話すことができます。同じ食べ物でも好きな理由が違っていたり，家庭での味つけが異なっていたりしますので，話は尽きません。私もグループに加わって，生徒と楽しく話しています」

　朝の会の様子が目に浮かぶことでしょう。日ごろから「話し合うことが楽しい」と感じる経験をしているからこそ，授業中においても気軽に話し合え，心理的安全性も高く，気軽に「わからない」と言える空気が醸成されているのだと確信できました。

わかる！楽しい！

中学1年の数学授業のネタ 110

正の数・負の数

文字の式

方程式

比例と反比例

平面図形

空間図形

データの活用

正の数・負の数／正の数・負の数

1

教科書を深く読もう

説明ネタ

> 中学数学授業の始まりに際して，教科書を入念に読むことの大切さやおもしろさを伝える説明ネタです。こだわりをもって読むと，もっと調べてみたいという気持ちが起こることを経験させましょう。

> 0℃より4℃低い温度を，－4℃と表し，「マイナス4℃」と読みます。これに対して，0℃より高い温度は，＋10℃のように，＋をつけて書くことがあります。＋10℃は「プラス10℃」と読みます。

　教科書には，例えば，このような記述があります。この記述を読ませた後，教師が「書くことがあります」という文言を取り上げます。
　「『書くことがあります』ということは，どういうこと？」
　この発問から，「必ずしも書くことはない」「書くことが必要なときに書く」など，＋符号表示はどのような場合に書くのかを考えさせます。また，小学校で扱ってきた数は，すべて0より大きい数，つまり「正の数」であったことや，0より小さい数を「負の数」と表現することを説明します。
　ここでも大切なことがあります。「0より大きい数」と「0より小さい数」があれば，「0より大きくも小さくもない数」，つまり「0」があると考える生徒になってほしいと伝えることです。さらに，整数だけでなく，分数や小数の存在を想起させて，「0より小さい分数」をいくつか表現させることもよいでしょう。
　教師が折に触れて，1つの文言（用語）を基に発想を広げていくモデルを示すと，そのように思考できる生徒が育ってきます。

正の数・負の数／正の数・負の数

2
負の数を例示してみよう

課題ネタ
難易度★

> 負の数は，「0より小さい数」と定義されます。定義を知り，いくつかの例を通して生徒はその意味を理解しますが，どんな例を出すとよいのかを生徒自身に考えさせ，教科書の数値の意図を感じさせるネタです。

-3，-1.5，$-\dfrac{1}{3}$ のような0より小さい数を負の数といいます。
3，0.2，$\dfrac{3}{4}$ のような0より大きい数を正の数といいます。

多くの教科書では，このように正の数と負の数を定義しています。
教科書が例として出している数の意図に気づかせるために，まずは生徒に負の数をあげさせます。しかし，順番に生徒を指名していくと「-1，-2，-3…」のように単調になる場合も少なくありません。そこで，

「確かに正しいけれど，もっとおもしろい例はないですか？」

と問います。生徒が小数や分数をあげた場合，なぜその例をあげたのかを問います。-50000などの絶対値の大きい数もよくあげられます。それはそれで価値を認めたうえで，改めて上のような教科書の表現を読ませ，

「教科書の3つの例を見て，どんなことを感じましたか？」
「教科書の例が-1，-2，-3だとしたらどうでしょうか？」

と改めて問います。

このように教師が教科書の行間を読み，鋭く問うことで，生徒は負の整数，負の小数，負の分数を例示しているという教科書のよさに気づきます。1年生のうちからこのように鍛えておくことで，今後たくさん出てくる例示の場面で，どんな数値にすると理解が深まるかを考えたり，教科書の数値の意図を読み取ろうとしたりする基盤をつくります。

正の数・負の数／正の数・負の数

3
数直線上に負の数を表そう

課題ネタ
難易度★

> 負の数は，「0より小さい数」と定義されます。小学校で学習した正の数と関連させながら，負の数の大小関係を考える際に数直線を使いますが，その数直線を生徒と共につくっていくネタです。

授業の導入では「−3，−1.5，$-\frac{1}{3}$ のような0より小さい数を負の数ということがわかったね。今日はこの新しく出会った負の数の大小関係について考えましょう」と，本時のねらいを伝えます。そして，下の画像のように数直線をイメージしながら，0，1の位置を示した後，

「このとき，3はどこにありますか？」

などと発問をすることで，正の数の部分の数直線をつくります。

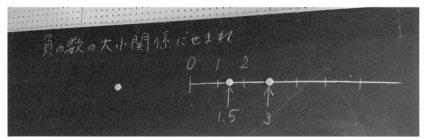

このイメージを共有したうえで，次の問題を提示します。

> 負の数はどこにあるのだろう。

そのうえで，何人かの生徒に黒板上にマグネットを貼らせ，様々な負の数の位置を示してもらいます。この活動を通して，数直線上で右にあるほど大きい数であること，負の数は正の数や0より小さく，絶対値が大きいほど小さいことなどを見つけていきます。

正の数・負の数／正の数・負の数

説明ネタ

4
新しい数を学ぶとき まず何をする？

> 新しい数を学んだときは，いつも同じ流れで考えていきます。小学校でも小数や分数を学んだとき，まずは数の大小を考え，さらに四則計算について可能かどうかを考えてきたことと連動させる説明ネタです。

　負の数の大小について，次のように導入します。教科書ではいきなり大小関係を考えさせていますが，

「小学校で小数や分数を学んだとき，まず何を考えましたか？」

と問いかけます。

　「計算した」

　「たし算，ひき算，かけ算，わり算をやった」

といった答えが返ってくるはずです。

　そこで，

「その前に何か考えなかった？」

と発問し，小数や分数を学んだとき，大きさ比べをしたことを想起させます。できれば教科書の該当ページを見せるとよいでしょう。新しい数を学ぶときは，はじめに2数に大小関係があるかを考えます。そして，加法，減法，乗法，除法と，四則計算について可能かどうか，閉じているかどうかを考えます。このように四則計算が可能かどうかを確かめます。新しい数が出てきたときは，いつも同じ流れで考えていくことになります。3年で指導する平方根はもちろん，高校で扱われる複素数でも同様です。こうして数学の価値の1つである統合（明らかにした原理，法則，概念または形式について，その適用範囲を広げていくために一般化したり，拡張したりして，例外のない完全な形でまとめること）のよさを生徒に伝えたいものです。

正の数・負の数／正の数・負の数

5
キャラクターのつぶやきについて考えてみよう

課題ネタ
難易度★

> 全学年の単元に通じる課題ネタです。どの教科書にも，キャラクターがつぶやく場面があります。多くのつぶやきの中には数学的な見方・考え方が隠れています。それについて考えさせる課題ネタです。

下のようにキャラクターがつぶやいている場面で，次のように問います。

「『−4＜2＞−2とは書かないよ』とつぶやいていますが，どうして書かないのかな？ 2は−4より大きいですし，−2よりも大きいから間違っていないですよね？」

多くの教科書では，キャラクターや特別な囲みをつけて，生徒に数学的な見方・考え方に気づかせたり，重要事項として伝えたりしています。それを授業で上手に取り上げ，生徒に考えさせたり，言語化させたりすることは，教科書を上手に使う方法の1つです。

さらに，

「このつぶやきの続きを考えてみましょう」

と投げかけてもよいでしょう。様々な考えが出てきます。その際には，

「なぜ，そのつぶやきを考えたのですか？」

などと，生徒の見方・考え方を引き出すことを心がけるとよいでしょう。

正の数・負の数／正の数・負の数の計算

6
符号なの？
演算記号なの？

説明ネタ

> 教科書には次のような記述があります。「負の数は，マイナス『－』をつけて表します。正の数にもプラス「＋」をつけて表すことがあります」。この記述から，例えば，「４＋（－５）」を読ませると，「４プラス・マイナス５」と読む生徒が出てきます。符号と演算記号の捉え方が混乱しているのです。それを防ぐ説明ネタです。

黒板に，「４＋５」と書いた後，「声に出して読んでみましょう」と指示します。当然ですが，生徒は「４たす５」と読むでしょう。続いて，「４－５」と板書して，同様に読ませます。「４ひく５」と躊躇せず読むでしょう。

そこで次のように揺さぶります。

「『＋』は『プラス』と読むことを習いましたね。『４＋５』は，『４プラス５』と読んではだめでしょうか？」

ほとんどの生徒が意識することなく読んできているので，悩む生徒が出てきます。このままでは，生徒を困らせるだけですので，明確に説明します。

「実は，＋を『プラス』と読むか『たす』と読むかについては，明確なきまりはないのです。『４＋５』を『４プラス５』と読むことは，プラスの前に『たす』という演算記号があって省かれていると考えても間違いではないのです」

このように説明すると，さらに困惑する生徒が出てくるかもしれません。

「意識してほしいのは，符号なのか，演算記号なのかということなのです。だから，このような妙な問いかけをしたのです。このあたりのことは教科書には書かれていません。明確に区別できないからです。ただし，意識はもっていてほしいと思って，このような説明をしました」

このように言い切っておきましょう。

021

正の数・負の数／正の数・負の数の計算

7 正負の数の加法をマスターしよう

課題ネタ
難易度★★

> 正負の数の加法については，以下のように同符号と異符号で計算の仕方がまとめられています。これを示しただけでは，実際に活用できる生徒は限られています。しっかりと習得させるためのネタです。

①同符号の２数の和
　　符　号→２数と同じ符号
　　絶対値→２数の絶対値の和
②異符号の２数の和
　　符　号→絶対値の大きい方の符号
　　絶対値→２数の絶対値の大きい方から小さい方をひいた差

　生徒が理解するために，多くの具体例に触れさせることが大切です。例えば，$(-12)+(-7)$と$(-12)+(+13)$を提示して，この問題は，①②のどちらなのかを考えさせるとよいでしょう。
　「これは同符号だから…」などとスラスラ考えられる生徒は，それほどいないと思っていた方がよいでしょう。この機会に新たな考え方を習得させることを教師は肝に銘じるべきです。
　この考え方に慣れてきたところで，①②それぞれの問題をつくる課題を提示するとよいでしょう。自分で問題作成できるようになれば，大切なことがしっかり理解できたと考えることができるからです。
　また，その中で，
　「和が０となる場合は，①，②のどちらのときですか？」
などと，考えをゆさぶり，広げる発問をするのもよいでしょう。

正の数・負の数／正の数・負の数の計算

8
グループ全員の合計点は？

教具ネタ

> （－5）＋（＋3）などの正負の数の加法を扱う際に，トランプは生徒の理解を大きく助けます。ゲーム感覚で加法が身につくからです。ここで，グループの合計点を扱うことで，さらに発展していきます。

　多くの教科書で，正負の数の加法を扱う際に，トランプを使う方法が採用されています。黒のカードを正の数，赤のカードを負の数，ジョーカーを0とすることがほとんどです。1グループに1組のトランプを渡し，1人2枚ずつ配り，それぞれの得点を計算し，最も得点の高い人が勝ち，というようなゲームを何度か行います。ゲーム感覚でほとんどの生徒が2つの項の加法ができるようになります。

　ある程度経ったら，1人あたりに配る枚数を3枚に増やすなど負荷をかけましょう。カードの枚数を増やしてもできるということを確認したうえで，次のように発問します。

　「せっかくなので，すべてのカードを配付してみましょう。これでも計算できますよね？　次は，グループ全員の得点の合計を求めましょう」

　同じように，一人ひとりが得点を求め始めるグループもあるでしょう。一方で，それぞれの得点は求めず，「どうせ合計するのだから」と言って，カードを，色が同じものや書かれている数が等しいもの同士で集め出すグループが現れます。

　ある程度落ち着いたところで，そのグループの生徒を指名して何か工夫したことはないかと尋ねると「まずは黒のカードだけで計算した」「7と－7で0になるから先にこのカードを計算した」など，加法の交換法則や結合法則につながる発言を引き出すことができます。全体で対話を進めていくと，すべてのカードの合計が0になることは，全員が納得できるでしょう。

023

正の数・負の数／正の数・負の数の計算

9
教科書の説明の意味を探ろう

課題ネタ
難易度★★

　教科書の記述を使って，生徒の数学的な見方・考え方を表出させるネタです。教科書は教師の説明がなくても生徒が理解できるように書かれています。その教科書の説明を一歩踏み込んで考えさせます。

　　$(-3)×4＝(-3)+(-3)+(-3)+(-3)＝-12$
　　この-12は，-$(3×4)$に等しくなります。

　このような教科書の説明を使って，例えば，次のように問うことができます。

「この説明は，何を伝えようとしているのでしょうか？　他の計算の場合にも当てはまるようなことを見つけて教えてください」

　このように，自由度の高い問いを投げかけると，生徒の数学的な見方・考え方が表れた考えを引き出すことができます。

　例えば，1行目に注目して「4をかけることは同じ数を4回たすこと」といった考えや，2行目に着目して「普通にかけ算をしておいて，マイナスをつければよい」「負の数と正の数をかけ算した結果は，絶対値に負の符号をつけること」といった考えが出てくるでしょう。

　このとき，教師として大切なことは，より洗練された数学的な表現ができるように助言したり，そのような考えが出されたときに価値づけしたりすることです。日ごろから生徒の言葉に注視していると，生徒の発言を基にした授業展開ができるようになります。

正の数・負の数／正の数・負の数の計算

10
九九表を整数の範囲に広げよう

課題ネタ
難易度★★

> 正の数・負の数の乗法を学習する際，九九表を題材にするのはどうでしょうか。全員を土台に乗せたうえで，負の数の乗法の規則や計算方法を考えることができます。

	−3	−2	−1	0	1	2	3
−3	9	6	3	0	−3	−6	−9
−2	6	4	2	0	−2	−4	−6
−1	3	2	1	0	−1	−2	−3
0	0	0	0	0	0	0	0
1	−3	−2	−1	0	1	2	3
2	−6	−4	−2	0	2	4	6
3	−9	−6	−3	0	3	6	9

　これは九九表をイメージして，2数 a, b の積 $a \times b$ の値を表にしたものです。この表を生徒と共に作成し，乗法について理解を深めることを授業の目標とします。

　まずは右下の正の数同士の部分を完成させ，全員を土台に乗せます。そのうえで，0と負の数を含む整数にまで広げていきます。$2 \times 3 = 2 + 2 + 2$ などの例を基に，積の意味を考えたり，乗法の交換法則を用いたりすることで，表の右上および左下を生徒と対話しながらつくっていきます。

　あとは「かける数が1小さくなると…」のような発言をつないで，縦や横に変化していく法則を見つけることで「負の数×負の数＝正の数」（表の左上）を導き，乗法の計算方法をまとめます。

正の数・負の数

正の数・負の数／正の数・負の数の計算

11
乗法の法則を考えよう

探究ネタ

> 　正の数・負の数の加法の法則を基に，乗法と除法の法則について生徒に考えさせるネタです。探究といっても，1年生の最初の単元なので，こうした軽いものに取り組むことから始めるとよいでしょう。

> 　正の数・負の数の加法の法則を基に，正の数・負の数の乗法の法則を考えてみましょう。
> 　ポイントを示すので，それを基にまとめてください。
> 　同符号の2数の積　符号→　　　絶対値→
> 　異符号の2数の積　符号→　　　絶対値→

　このような問題の示し方であれば，多くの生徒が考えられるはずです。考えが進まないようであれば，具体的な数値で考えるとよいということを助言します。

　ところで，この問題は「正の数・負の数の乗法の法則」と提示しています。教科書には，当然ですが「除法」も含まれています。しかし，あえて「除法」という文言を出していません。

　これは，「乗法だけしか法則はないのか？」という問いをもつ生徒を育てたいからです。加法の場合，減法の法則はありませんでした。だからこそ，これまでの学びを生かし，「除法は乗法にできる」と気づかせたいのです。

　また，ここでも「0」を登場させて考える生徒が出てくることを期待しましょう。この機会に「どんな数も0でわることはできない」ということを押さえてもよいでしょう。

正の数・負の数／正の数・負の数の計算

12
正の数になるの？
負の数になるの？

課題ネタ
難易度★★

指数そのものについて理解させた後，指数がついている数の正負を考えることを通して，数についての捉え方を深める課題ネタです。指数が負の数の場合まで考えが広がる可能性があるネタです。

「$(-3)^□$」は，いつも正の数になるといいます。□はどのような数でしょうか。逆に，いつも負の数になる場合，□はどのような数でしょうか。

指数の基本を押さえた後に提示する問題です。まず各自で考え，意見交流をした後，考えを発表させるとよいでしょう。大切なことは，指数はかけ合わせる数を示したものであるということです。「-3を偶数回かけることで正の数になる」「-3を奇数回かけることで負の数になる」ことが根拠になっているかを十分に確認しながら授業を進めましょう。

全員が理解できた段階で，問題を発展させます。

「$○^□$」において，□（指数）が偶数の場合，○がどのような数であると，正の数になるでしょう。（ただし○も□も0以外の数とする）

この場合，○はどのような数であってもよいわけですが，「どのような数であると」と問いかけると，答え方を迷う生徒が出てきます。「どのような数でもよい」という答え方は，経験したことがないからです。

中には，「指数は小数でも分数でもいいの？」と考える生徒がいるかもしれません。むしろ，そういう疑問が出てくる授業を目指したいものです。

027

正の数・負の数／正の数・負の数の計算

13
指数の法則を見つけよう

課題ネタ
難易度★★★

> その年度の数（2024年度であれば2024）を扱った問題をしばしば見かけます。とりわけ指数を使った問題はよく見られます。そのような指数の問題を扱うことで，指数に対する理解を深めるネタです。

7^{2024}の一の位の数を求めましょう。

　非常にシンプルな問題ですが，指数の本質的なおもしろさが詰まっています。しかし，どこから手をつけてよいのかわからない生徒が出てくることが予想されます。こういうときこそ教師の出番です。

　しばらく考えさせた後に，少しでも進捗があった生徒を指名し，その考えを共有して，全体の理解へのきっかけをつくります。具体的には，2乗，3乗…と小さな数で考えている生徒に目を向けます。「めんどくさい」という声が出たらチャンスです。

「すべて計算しようとするとめんどくさいね。何かよい方法はない？」
と尋ねます。

　$7^1=7$，$7^2=49$，$7^3=343$，$7^4=2401$…と具体的に求めていくと，「考えるべきは一の位だけなので複雑な計算は必要ない」「5乗をしたときの一の位は7になって，循環する」といった発言につながるので，その内容を全体で共有し，それぞれの言葉で表現させます。生徒の言葉をつなぎながら

$7^{2024}=\left(7^4\right)^{506}$という表現につなげ，一の位が1であることを導きます。

　この問題を通して，指数法則や規則性などにかかわる数学的見方・考え方を鍛えることができます。

正の数・負の数／正の数・負の数の計算

14
指数にいろいろな数を入れてみよう

探究ネタ

> 負の数の□乗を考える際に，□にいろいろな自然数を入れ，その法則を探る活動があります。偶数か奇数かで正負が決まるというものです。せっかくなので，数の世界を広げ，自然数以外でも考えてみましょう。

$(-2)^{□}$の□にいろいろな自然数をあてはめて計算すると$(-2)^{□}$の値は，□が偶数のときには正の数，奇数のときには負の数になることがわかります。これだけでも十分なのですが，ここでさらに，

「他に考えたいことはありませんか？」

と発問してみます。この発問に対して，「この場合はどうするのかな」といったように発展的，探究的に考えられる生徒を育てたいものです。そのためにも，1年の早い段階で，このような数学的な見方・考え方を広げる時間を確保するべきです。

「せっかく負の数を学習したから，□に負の数を入れることはできないかな」のような発言を引き出し，みんなで探究してみます。しかし，いきなり$(-2)^{-1}$では難し過ぎるので，教師が「まずは2の0乗を考えてみよう」と足場かけをします。ただし，それでも「2が0個あるということ？」「2を0回かけるということ？」と混乱することが考えられるため，次のように表にまとめてみます。

□の中の数	−1	0	1	2	3	4
$2^{□}$の値	?	?	2	4	8	16

□の中が1増加すると，$2^{□}$の値は2倍になるという変化の仕方に注目すると，□が0のときの値は1になることに気づくことができます。そのうえで，負の数の場合もひも解いていくとよいでしょう。

029

正の数・負の数／正の数・負の数の計算

15
なぜ0でわっては いけないの？①

課題ネタ
難易度★★★

> （正の数，負の数）（負の数，正の数）（負の数，負の数）の組み合わせの乗除を学習した後に，0の乗除も想起させたいものです。0でわってはいけない理由に迫ることで，生徒は数学の世界に入り込みます。

上で示したように，負の数同士の乗除まで扱った後に，
「これですべてのパターンを考えられたかな？」
と生徒に投げかけます（小数や分数の計算を扱う際もこのように進めるとよいでしょう）。「すべての場合を考える」ことは大切な数学的な見方・考え方です。そこで「0を忘れている」という発言を引き出し，次の問題を提示します。

$$0 \times 3 \quad 0 \times (-3) \quad (-3) \times 0 \quad 0 \times 0$$

正の数と負の数をともに扱い「0は何をかけても0である」という0の定義を指導し，机間指導をしながら，全員ができたことを確認します。そこで間髪入れずに，次の4問を提示します。

$$0 \div 3 \quad 0 \div (-3) \quad (-3) \div 0 \quad 0 \div 0$$

多くの生徒は，深く考えずに，すべての問題に0と答えるでしょう。そこで「全員不正解！」「本当にそう？」などと揺さぶり，わり算をはじめて学習したころ，$6 \div 2 = \square$の$\square$をどのように求めたかを問います。そうして，$2 \times \square = 6$を満たす数だから3であることを確認します。

そこで$(-3) \div 0$を同様に考えると，$0 \times \square = -3$を満たす数を求めることになります。0の定義から「0でわってはいけない」ということに納得し，そのおもしろさに生徒から感嘆の声が上がるでしょう。

正の数・負の数／正の数・負の数の計算

16
なぜ0でわっては いけないの？②

課題ネタ
難易度★★★

> 0でわってはいけない理由は，例えば，「3÷0＝□とすると，0×□＝3を満たす□が存在しないから」という説明がつきますが，異なる説明を考えることで，0に対する見方が一層深まります。

3÷0＝□とすると，0×□＝3を満たす□を求めることになります。このとき，□にあてはまる数がないという根拠は「0は何をかけても0である」という乗法における0の定義によります。また「0を何回たすと3になるか」や「3から0を何回ひくと0になるか」という視点に立つ意見もでてきます。生徒のいろいろな発言を聞きながら「0のこういう特徴（定義）に注目したんだね」と価値づけたいものです。

また，1を0でわった値をaとすると，次のようなおかしなことが導かれるので，実情に応じて紹介してもよいでしょう。

仮に $\frac{1}{0} = a$ だとすると，aの逆数をとると，$\frac{1}{a} = \frac{0}{1} = 0$ となる。

よって，$\frac{1}{a} = \frac{1}{a} + \frac{1}{a}$ （0はいくつたしても0だから）

この式の両辺をa倍すると，$\frac{1}{a} \times a = \frac{1}{a} \times a + \frac{1}{a} \times a$ だから，

それぞれ約分すると 1＝1＋1

だから，1＝2

（1＝3なども同様に導くことができる）

正の数・負の数

正の数・負の数／正の数・負の数の計算

17
間違えやすい箇所を リストアップしよう

課題ネタ

難易度★

> 四則の混じった式では，計算の順序や指数の計算を間違えるミスが起こりがちです。そこで，練習問題を解いた後に，どこで間違えたのかを共有することで学び合いにつなげる課題を扱います。

　練習問題を解く時間に，○つけをして正誤の確認だけで終わるのはもったいないことです。そこで，それぞれが自分の計算を振り返り，どこで間違えたか，どんな間違いが起きやすいかを考えて，共有する時間をつくりましょう。計算の間違いが起きやすい箇所を互いにリストアップするのです。

---

① $-4+6\div(-2)$ →負の数もかけ算・わり算から先に計算する
② $(-3)^2$ と (-3^2) は違う→ $(-3)^2=9$，$(-3^2)=-9$
③ $(-3)^2\times(-12)\div(-2^3)$ →指数は1つのまとまりとして計算する

　問題を解いた後に，自分の間違いやどんな間違いが起きやすいかをグループでリストアップしていきます。上のように生徒が自分たちの言葉でまとめていくとよいでしょう。話し合いを進める中で「こんなミスもないかな？」「ここに気をつけて計算したいね」と学び合う時間が生まれます。

　最後にグループで出た意見を全体で共有すると，四則計算のポイントを網羅できます。自分たちでリストをつくることで，生徒は今後の計算でもそれを意識して計算していくことができます。

　「正負の数」は中学校で学ぶ最初の単元です。数学の授業では「間違いを大切にする」「間違いから学ぶことができる」ということを，この問題を通して，生徒に伝えることができます。積極的に自分の間違いを共有していた姿を大いに価値づけましょう。

正の数・負の数／正の数・負の数の計算

教具ネタ

18
Googleフォームで理解度チェックしよう

> Googleフォームを使うと，本時の学習内容の理解度を確認できます。自動採点され，データも集約できるので，生徒の理解度を把握して個別に声をかけることも可能です。小テスト作成等の時短にもつながります。

アンケートなどに利用されているGoogleフォーム（以下，フォーム）を活用します。授業で学習した内容と同じレベルの問題を5問程度作成し，フォームに入力します。このとき，解答の編集ができるので，数字を入力させる場合，半角，全角どちらで解答しても正解とすることをお勧めします。数字を入力するのではなく，選択式の解答にすることもできるので，問題の内容に応じて使い分けましょう。

設定で「テストにする」にチェックを入れることで，点数や解答の設定が可能になります。解答の送信後，生徒はどの問題が不正解だったか，正解は何かを確認できるので，すぐに自分で復習することができます。

一度フォームを作成すれば，それをコピーして問題を変えるだけで，新しい内容のフォームを簡単につくることができ，プリントや小テストを準備する手間が省けます。

正の数・負の数／正の数・負の数の計算

19
ペアで計算力を高めよう

教具ネタ

> 正負の数の四則計算に，2人1組で取り組むネタです。1分間と時間を設定することで集中力が高まり，正負の数の計算の感覚や暗算の力を高めることができます。

右のように，問題の書かれたA面と，問題と解答の書かれたB面を用意します。問題は，暗算で解かせたい難易度に設定します。

2人1組で，1人がA面を見て暗算で答え，もう1人がB面を見て，○か×かを伝えます。×の場合は，もう一度考えて新たな解答を答え，正解したら次へと進んでいきます。

最後までいったら，最初に戻って2周目にチャレンジします。「文字と式」や「方程式」，3年生の「多項式」など，幅広い単元で実践可能です。授業の最初の数分で，ウォーミングアップするのに最適です。

【参考文献】
・志水廣（2006）『中学校数学科　志水式音声計算トレーニング法』（明治図書）

正の数・負の数／正の数・負の数の計算

20
この操作は何をしているの？

教具ネタ

> 素数を見つける有名な方法に「エラトステネスのふるい」があります。教科書ではコラムのように扱われることもあり，簡単に教師が説明してもよいのですが，扱い方次第では生徒の思考を深めることができます。

エラトステネスのふるいとは，例えば100以下の素数を求めたい場合，1〜100の自然数を次のようにすべて書きます。

①1を消す
②2を○で囲み，
　2の倍数を消す
③3を○で囲み，
　3の倍数を消す
④5を○で囲み，
　5の倍数を消す
⑤7を○で囲み，
　7の倍数を消す

1	2	3	4	5	6	7	8	9	10
11	12	13	14	15	16	17	18	19	20
21	22	23	24	25	26	27	28	29	30
31	32	33	34	35	36	37	38	39	40
51	52	53	54	55	56	57	58	59	60
61	62	63	64	65	66	67	68	69	70
71	72	73	74	75	76	77	78	79	80
81	82	83	84	85	86	87	88	89	90
91	92	93	94	95	96	97	98	99	100

そして，上の手順①〜⑤を実行すると，残った数が1〜100の中の素数であるという方法です。

この操作を動画に撮って準備します。そして，生徒に動画を見せ「何をしているところでしょうか？」と問うと，生徒は「偶数を消していったね」「○で囲まれているのは素数？」「なぜこれで素数がわかるの？」「倍数を消していくからかな」「11の倍数は消さなくてよいのか？」といったように，対話を通して自然と思考を深めていきます。じっくり考えた後に解説を聞くと，より理解が深まります。

正の数・負の数／正の数・負の数の計算

21
答えは正の数？
負の数？

探究ネタ

　具体的な数で正負の数の計算の仕方を身につけた生徒に，より深く考えさせる探究ネタです。試行錯誤しながら具体的な数をいくつも代入して計算することで，計算力とともに考える力を高めることができます。

---

①●…正の数，▲…負の数のとき，下のア〜エの計算結果は，正の数と負の数のどちらになるでしょう。
　ア　●＋▲　　イ　●－▲　　ウ　▲－●　　エ　●×▲

②●×▲…負の数，●－▲…正の数のとき，●と▲はそれぞれ正の数，負の数のどちらであると考えられるでしょう。

---

　①のイ，ウ，エはどんな数を代入しても，常に正の数か負の数のどちらかになりますが，アは場合によって答えの符号が変わります。例えば，●＝5，▲＝－3のときは●＋▲＝2となり正の数になりますが，●＝3，▲＝－5のときは●＋▲＝－2となり負の数になります。場合によって符号が変わるというのは，生徒には難しく感じる内容です。対話を通して，2数の絶対値に注目すればよいことを引き出しましょう。

　②は，一つひとつの式から考えられる場合を絞り込む力を高めるのに有効な問題です。難しいと感じる生徒には，「まず1つめの『●×▲…負の数』にあてはまる●と▲の数の組み合わせを考えてみよう」と投げかけると，考える糸口になります。

　このような問題に取り組ませることで，考えることの楽しさを感じさせましょう。

正の数・負の数／正の数・負の数の利用

22
つぶやきの理由を考えよう

正負の数を利用するよさを実感させる課題ネタです。太郎のつぶやきを基に，仮平均をおいて平均を求めるよさに気づかせます。仮平均をどこにおくかで考えが深まります。

太郎は，自分のボール投げの記録を見て，「僕はだいたい40～41mほど投げることができるよ」とつぶやきました。暗算で計算したようです。太郎さんはどのように考えたのでしょうか。

回数（回）	1	2	3	4	5	6
距離（m）	41	38	42	44	39	40

提示する際，決して「正負の数を利用して解く問題です」と言ってはいけません。生徒の考え方を限定してしまうからです。自由に考えさせると，様々な考え方が出てきます。おそらく「仮平均をおく」という考えが最初に出てくる生徒は少ないでしょう。

40を基準として，1回目は1m長い，2回目は2m短い，3回目は2m長い，4回目は4m長い，5回目は1m短い，6回目はちょうど40mと考えているうちに，プラス，マイナスが0となる組が2組あることなどから，40mはおおよそ妥当だと考える生徒がいるでしょう。

この考え方を式化してみて，（1－2＋2＋4－1＋0）÷6＝0.6666…となり，40.67mほど投げることができるという考えを出す生徒もいるでしょう。改めて40mを仮平均と考えたことがよかったのだと生徒から出させるとよりよいでしょう。

正の数・負の数／正の数・負の数の利用

23
新しい数の学び方を振り返ろう

説明ネタ

> 新しい数が出てきたときには，今後どのようなことを学習していくのかを「正負の数」の単元の終了間際に教科書を使って説明しておきましょう。3年生の単元「平方根」への布石です。

次のように説明します。

「中学生になって，「負の数」という0より小さい数を学習しました。今後も新しい数を学習していきますが，今回のように新しい数が現れたときには，この正負の数で学習した流れと同じ流れで学習していきます。振り返っておきたいと思います。

＜第1段階＞　新しい数について定義する。
→0より小さい数を「負の数」と定義しました。
＜第2段階＞　その数の大小について考える。
→数直線を使って，大小関係を考えることを学習しました。
＜第3段階＞　その数が含まれる四則計算について考える。
→正の数・負の数の計算（加法・減法・乗法・除法）について考えました。負の数が入った場合も，交換法則や結合法則が成り立つかどうかを確かめました。負の数が含まれた複雑な計算についても学習しました。
＜第4段階＞　その数を含め，数の範囲について確認する。
→あらかじめ定義した数の範囲において，四則の可否（例　自然数の集合においては加法と乗法はいつでもできる）について学習しました」

分数をはじめて学習したときには，同じように分数の大小，分数を含んだ四則計算などを上記と同じように学習してきたことも想起させるとよいでしょう。また，3年生の「平方根」の単元でも同様に学習することを知らせておきます。

正の数・負の数／正の数・負の数の利用

24
どちらの平均記録が高い？

課題ネタ
難易度★

仮平均の考え方を使って平均記録を求めます。話題になったスポーツを題材にすると，生徒も意欲的に取り組むことができます。データの活用の授業へとつなげることもできるネタです。

スポーツ選手の写真やイラストを提示し，以下の表を示します。

	1投目	2投目	3投目	4投目	5投目	6投目
記録（m）	65.4	63.8	63.3	60.7	59.0	65.8

A選手のやり投げの平均記録は何mになるでしょう。

小学校で学習した（合計）÷（回数）で答えを求めた後に，仮平均を使って求める考え方について学習します。一番記録の低い5投目を基準にする考え方や，6回の記録に近い60mを基準にする考え方など，生徒から出るアイデアを価値づけましょう。学習の最後に，別の選手の記録を提示します。

	1投目	2投目	3投目	4投目	5投目	6投目
記録（m）	60.4	58.0	58.7	67.8	66.4	63.7

この表はB選手の記録です。
A選手とB選手では，どちらの平均記録が高いでしょう。

生徒は早速学習した仮平均の考え方を使って平均記録を求めます。どのように求めたか説明し合うことで理解が深まるでしょう。生徒から「B選手の方が平均記録は低いけど，最高記録は高い」といったつぶやきが出れば，それを取り上げることでデータの活用への布石を打つこともできます。

文字の式／文字を使った式

25
表を示している理由を考えよう

> 教科書では以下に示すように，生徒に帰納的な考え方を促す記述があります。こうした折に，なぜこうした考え方をするのかをしっかり説明しておくことが大切です。その説明ネタです。

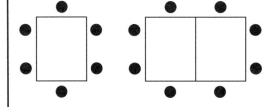

机に座ることができる人数を調べました。ただし，次のように机に座っていくことにします。

机の台数	座れる人数
1	6
2	8
3	10
4	12

説明ネタですが，まずは生徒に，次のように問いかけるとよいでしょう。

「教科書には『机の台数』と『座れる人数』の表が示してあります。教科書はこのような表を示すことで，どういうことに気づかせたいのでしょうか？」

このように生徒に投げかけ，予想させます。

おそらく「変わり方に気づいてほしい」「机の台数が1増えると人数が2人増えることをわからせたい」などの考えが出されるでしょう。

生徒の考えを認めたうえで，背景には「帰納的な考え方」があると説明します。帰納的な考え方は数学授業では頻繁に使う考え方で，「複数の実例から共通点を導き出して結論を出す」考え方であることを強調しておきましょう。

文字の式／文字を使った式

26
文字式に単位は必要？

> ある生徒が教科書を見て、「単位はどういうときにいるのかな？」とつぶやきました。実に素朴な疑問です。こんな疑問に答えるための、生徒と一緒に考える説明ネタです。

「教科書を見てみてください。

$120 \times a$（円），$400 - 5x$（円），$x + y$（分），$60x + 80y$（m）など，（単位）がついていますね。

ところが，$50 \times n + 30$など，単位がないものもあります。

どういうときに単位をつけるのでしょうか？」

まず，隣同士で話し合わせるとよいでしょう。「もともと単位があるものには，単位をつけるということではないの？」などと，生徒の言葉をよく聞いていると，「理解しているかな」と思える考えがあります。

中には，「式に単位があるのはおかしいよね。小学校のときには式には単位をつけなくて，答えに単位をつけなさいと言われていたよ」と発言する生徒もいます。演算記号が入っていると式とみなし，単位をつけるのはおかしいと思う生徒がいるのです。

教科書においても，学習が進むにつれて，単位をわざわざ書いていません。例えば，関係を表す式では，例えば，y（本），$3x - 2$（本）であっても，「$y = 3x - 2$」のように単位を式に付加することはしません。あまり厳密にしようとすると，混乱を招きます。疑問をもつことはとてもよいことと称賛しながら，

「数量を表す文字式には単位をつけましょう」

といった説明をしておくとよいでしょう。

文字の式／文字を使った式

27
文字式の表し方の よさを知ろう

課題ネタ
難易度★

> 「かけ算の記号×を省いて書く」などの文字式の表し方は，この単元以降にも長く使い続ける大切なルールで，全員に必ず定着させたい内容です。その内容をただの説明に終わらせないようにするネタです。

「これからは $a \times b = ab$ のように，かけ算の記号×を省いて書きます」とまずはルールを1つ示します。すべてのルールをはじめに羅列して伝えないことがポイントです。そして，次の①〜⑥の式を文字式の表し方にしたがって書くという問題を示します。

① $x \times y$　　② $6 \times n$　　③ $n \times 6$
④ $n \times n \times n$　　⑤ $1 \times a$　　⑥ $a \div 3$

①は×を省くルールが理解できているかの確認です。机間指導をしながら全員に○をつけます。②では文字も数も同じということを確認します。③ではこれまでのルールから「$n6$」と表記する生徒がいたら，②と③では乗法の交換法則から示す値が等しく，様々な表記があるのは不便であると説明し「文字と数の積では，数を文字の前に書く」というルールを示します。ここで，文字を複数かける場合，ふつうはアルファベット順にするということをあわせて指導します。同じように④は「aaa」と書くと煩わしいことを共有しながら「同じ文字の積は指数を使って書く」というルールを指導します。⑤は文字の前の1を省略すること，⑥は分数で表すことの確認です。

はじめに示すことは最小限にし，あとは実際の問題を考えていく流れの中で，生徒との対話を通して「このように表した方が便利だ」という思いを引き出しながら進めていくとよいでしょう。

文字の式／文字を使った式

28
等号や不等号の記号に敏感になろう

課題ネタ
難易度★

> 等号に比べて不等号は，「未満」「以上」など関係を表す言葉がいろいろあります。それらに注目させ，間違いなく表現できるようにするための課題ネタです。

> 遊園地のある乗り物に「10歳未満利用不可」と表示されていました。10歳は利用ができるのでしょうか，できないのでしょうか。

この問いで「未満」という言葉の意味を改めて考えさせます。
「『10歳未満利用不可』と『11歳以上利用可能』は同じ意味ですか？」
と発問すると，さらに迷い始めます。こうしたときは「迷うからこそ学ぶ意味がある」と価値づけましょう。ただし，時間をかけて考えさせてもあまり意味はありません。教えるべき事項です。以下のように，違いがわかるように示して，何度も口頭で発言するなどしてマスターさせましょう。

a は b より大きい	⇔	$a > b$
a は b より小さい	⇔	$a < b$
a は b 未満である	⇔	$a < b$
a は b 以上である	⇔	$a \geq b$
a は b 以下である	⇔	$a \leq b$

「⇔」の左から右への表現は迷わずできても，逆となる，例えば，「$a < b$」を「a は b より小さい」「a は b 未満である」と2通りの表現ができる生徒は多くありません。授業で意図的に学ぶ時間をつくります。

文字の式／文字を使った式

29

説明ネタ

$x ≦ 5$ はどう読む？

> 「$x ≦ 5$」といった不等号が入った式の読み方については，明確に指導されない場合があります。しかし，数学の重要な学習用語なので，全員にしっかり定着させておきたいところです。

「次の式を区別がはっきりわかるように読みましょう。
$x < 5$, $x > 5$, $x ≦ 5$, $x ≧ 5$, $1 < x < 5$」
　説明したり，覚えさせたりするときには，他との違いに注目させることが鉄則です。したがって，上記のように一度に示します。
　$x < 5$　xは5より小さい，xは5未満
　$x > 5$　xは5より大きい
　$x ≦ 5$　xは5以下
　$x ≧ 5$　xは5以上
　$1 < x < 5$　xは1より大きく5より小さい，xは1より大きく5未満
　このように比較することで，違いが鮮明となります。
　なお，「以上・以下」は「以って上」「以って下」ということです。「以って」には前の語をふくむことを説明しておくこともよいでしょう。例えば「5月10日を以って転校した，という文章であれば，5月10日に転校したことになります」と，「以って」の意味を押さえておくことです。単に「『以上』『以下』はその数値もふくまれることを覚えておきましょう」という説明より知的です。豊かな授業はこうした教師の指導言に表れます。
　「未満」も同様です。「未だ満たず」ですから，そのものは含まれないわけです。

文字の式／文字を使った式

30
式の操作を
行き来しよう

課題ネタ

難易度★

> 文字式の表し方にしたがって表す操作と，慣れ親しんだ×や÷の記号を使って表す操作を行き来することで，かっこや分数が表していることの意味理解を深めます。

$a \div 4$，$5 \div b$ などの式を÷を使わずに，分数の形で表すことを学習した後に，その逆の操作である÷の記号を使って表す問題に取り組みます。

$$\frac{x+y}{2}$$ を，記号÷を使って表しなさい。

ここで予想される誤答は「$x + y \div 2$」です。生徒から引き出してもよいですし，出なければ教師が示します。

知っている生徒は「かっこをつけなければだめだと思う」と発言するかもしれません。

そこですかさず，

「元の式には，どこにもかっこなんてないよ」

とわからず屋を演じましょう。

このようにして，生徒に「式のどの部分を見てかっこをつけるのか」を明確にさせることが大切です。

「全体を2でわっているから，$x + y$ にかっこをつけなければだめです」
「$x + y \div 2$ だとすると，$x + \frac{y}{2}$ になってしまいます」のような発言をつないで，分数の表記の仕方についての理解を深め，文字式の表し方を印象づけます。

文字の式

文字の式／文字を使った式

31
代入のイメージを膨らませよう

課題ネタ
難易度★★

> 代入は数学における基本的な操作で，全員が身につけておきたいことです。しかし，ただ単に文字に数を機械的に当てはめることにならないよう留意し，イメージを膨らませましょう。

> 平地の気温が a ℃のとき，平地から 3 km 上空の気温は，$a-18$ ℃くらいであると言われています。平地の気温が25℃のとき，平地から 3 km 上空の気温は何℃でしょうか。

　上の問題を示し，25から18をひくという操作で 7 ℃という答えを確認した後，式の中の文字に数を当てはめることを代入ということや，文字の値，式の値という言葉の定義を指導します。
　さらに，代入のイメージを膨らませ，理解を深めるため次の発問をします。
「『代入』の考え方は，どんな場面で使えそうですか？」
　この 1 つの発問で，代入が一気に自分事になります。例えば，あるクラスに，給食当番が配膳をスムーズにするために「皿のあまりの数は『3＋今日の欠席数』」という掲示がありました。そのクラスでは「『今日の欠席数』が文字の役割をしており，例えば今日であれば 2 人が欠席だから，2 を代入すると，今日の皿のあまりの数は 3＋2＝5 で求めることができる」という発言を引き出すことができました。また，身長から標準体重を求めたり，身長と体重から BMI（肥満度を表す体格指数）を求めたりすることがあります。このような例を生徒から出させ，その場合の文字の値，式の値はそれぞれ何かを確認し，代入を使っていることを実感させます。この段階を踏んでから問題に取り組むことで，生徒の意欲は大きく高まるでしょう。

文字の式／文字を使った式

32
文字ポケットを使って代入をマスターしよう

教具ネタ

> 小学校で□や○に数を当てはめることは学習しているものの，文字の部分に数値を代入することを苦手とする生徒は多くいます。文字ポケットを使って，視覚的に代入のイメージをつかませる教具ネタです。

生徒が文字に値を代入するときのミスとして，値を代入しても文字がそのまま残っていたり，係数をかけていなかったりといったことがあります。

これらのミスを減らすには，代入するという操作を見える化することが有効です。写真は，B6サイズのクリアファイルを半分に切り，文字ポケットとして使っています。最初に文字 x を入れておき，代入したい数値を「代入します」と言いながら文字ポケットの x の上に重ねることで，「文字がなくなる」という感覚や「係数とかけ算する」という感覚を高めることができます。（　）をつけた負の数のカードを用意しておくことで，負の数を代入するときには（　）をつける必要があるという意識も高めることができます。

33

$3a$ は $2a$ より大きいと言っていいの？

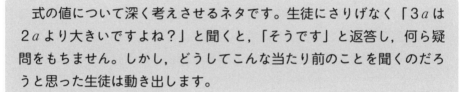

式の値の学習のまとめの場面で扱うとよいでしょう。

生徒に次のように聞きます。

「$3a$ は $2a$ より大きいと言ってよい。よいという人は○，ダメだという人は×を，ノートに書いてください」

こうしてまず自分の立場をはっきりさせます。おそらく，○と×に分かれるでしょう。そこで，「近くの人で意見交流をしましょう」と投げかけ，生徒のやりとりに聞き耳を立てます。その中から，集団での話し合いが焦点化できそうなつぶやきを板書するとよいでしょう。

「a が正の数のとき」「a が負の数のとき」「a が 0 のとき」などのつぶやきを黒板に書くことで，思考が広がっていない生徒たちは，参考にすることができます。生徒と対話しながら，最終的に以下のようにまとめます。

$a > 0$ のとき，$3a > 2a$

$a < 0$ のとき，$3a < 2a$

$a = 0$ のとき，$3a = 2a$

時間に余裕があれば，

「それでは，$\dfrac{1}{3a}$ と $\dfrac{1}{2a}$ では，どちらが大きいでしょうか？」

と投げかけるとよいでしょう。a が 0 のときを考え始めて，分母が 0 になる場合はそもそも比較できないと発言する生徒がいれば，それは深く考えることができる生徒です。

探究ネタ

文字の式／文字を使った式

34
必ず指数から計算しないといけないの？

> 計算の順序として「指数が先，次にかっこ，そして乗除，加減の順」と機械的に覚えている生徒がいます。しかし，ただ暗記するのではなく，そもそもどんな計算なのかを考え，工夫する生徒を育てたいものです。

多くの教科書では代入することや文字の値，式の値という言葉の定義を学んだ後に，x^2や$-x^2$などの値を求めます。この意味を本当に理解したかどうかを確かめるには，このネタがよいでしょう。

$$x = -\frac{1}{2}, \quad y = -2 \text{のとき}, \quad -x^{10}y^9 \text{の値を求めましょう。}$$

機械的に「指数が先」と理解している生徒は，$\frac{1}{2}$の10乗を計算したり「めんどくさい」と言ったりします。2の10乗をひたすら計算しようとする粘り強さは認めたいですが，ここでは何かしらの工夫がほしいものです。じっくり時間をかけることで，$-x^{10}y^9 = -x \times (xy)^9$のように式変形をして，簡潔に解くことを目指します。

工夫して解こうとした姿勢は大いにほめましょう。そして，乗法の交換法則，結合法則，符号をどのように扱うか，この式変形のどんな部分がよいかなどを生徒の発言をつなぎながら共有します。

計算をただの作業だと思っていたり，計算ミスの多さに悩んでいたりする生徒がいます。そういう生徒に寄り添いながら，

「計算のコツは計算しないことである」

のような印象に残るフレーズを用いて，計算問題にも工夫の余地があることや，それを考えるよさや楽しさを知らせたいものです。

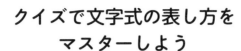

35
クイズで文字式の表し方をマスターしよう

教具ネタ

> クイズを簡単に作成できるアプリKahoot!。このアプリの最大の特徴は，学級全員でクイズを楽しめるところです。また，自由に問題作成ができる点も魅力です。だれもが活用できる教具ネタです。

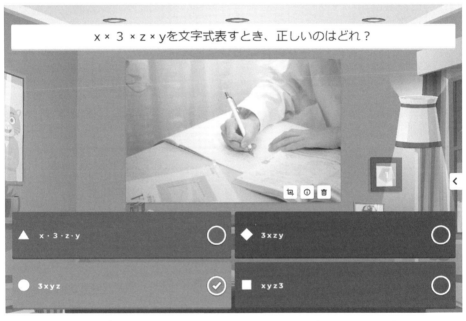

　上の画像はKahoot!で作成した，文字式の表し方を正しく理解しているかどうかを確かめるクイズです。上部に「問い」を示し，下部に4つの解答（選択肢）を示しています。生徒はそれぞれの端末からこの問題にアクセスして解答します。教師が主導のモードでは，全員で1問ずつ解答するルールで，全員が解答を出すまで次の問題には進まないため，みんなで確認するときに使いやすいようになっています。

文字の式／文字を使った式

36
様々な式表現があることを理解しよう

課題ネタ
難易度★

> 数量を表す式は様々あってよいのですが，問題集などの解答が一例であっても，そのとおりでないといけないと思っている生徒が少なくありません。そういった意識を打破するための課題ネタです。

次の数量を表す①②③の式は，正しいでしょうか。

a 円の品物を２割引きで買ったときの代金は，b 円の品物の代金が23円上がったときの代金と差がありません。

① $a - 0.2a = b + 23$

② $0.8a - (b + 23) = 0$

③ $a - 0.2a - 23 = b$

まず，「差がありません」という表現は，式でどのように表すかがわからない生徒がいます。これを踏まえて，最初に「差がないことは，式ではどのようになるでしょう？」と聞いてもよいでしょう。

ここでは，「差がない→差が０」だけでなく，「同じ」「等しい」といった同じ意味の表現を確認しておくことが大切です。教科書では，「差が０」と表現される問いはまずないからです。

①②③はすべて正しいわけですが，「正しいことを言葉で表現しよう」と指示するのも有効です。①であれば，「a 円から a 円の２割をひいた代金は，b 円に23円たした代金と同じ」といった表現を求めます。ここで重要なことは，１人の正解者が出ただけで全員が理解したと教師が思わないことです。「今の表現を隣同士で言い合ってみよう」などと投げかけ，思考の追体験をすることではじめて理解できる生徒もいることを忘れてはいけません。

文字の式／文字を使った式

37
文字の式が表している例を考えよう

課題ネタ
難易度★★

> 「次の数量を表す式を書きなさい」という問題は，どの教科書にもありますが，「文字の式が表している例を考えましょう」といった問題は見られません。式の意味の捉えを深める課題ネタです。

次の式があります。
$$5a + 3b - 4c$$
a，b，c を自由に決めて，この式となる例を考えましょう。

　文章を文字の式で表す問題の学習後であれば，その逆ですから，生徒は楽しんで考えるでしょう。

　最初に上の式を提示せず，まず $5a+3b$ といったたし算のみの式を提示するとよいでしょう。実例が考えやすいからです。まずは，多くの生徒が考えやすい問題で導入を図ることがコツです。

　例えば，a をハンバーガー1個の値段，b をポテトチップス1袋の値段とすると，$5a+3b$ は，「ハンバーガー5個とポテトチップス3袋の値段」となります。

　これを基にして，$-4c$ を考えると，話し合いは盛り上がるでしょう。c の定義は，例えば，c 円の割引券とすると，c 円の割引券4枚を使って支払うことになります。

　この問題は，a，b，c の定義を自由に考えさせることが大切です。おそらく予想もしない定義が出てくるでしょう。ただし，ある程度現実的であることを押さえておくことが大切です。

文字の式／文字を使った式

38

x 点があるから，平均得点は求められない？

難易度★

> 心理的安全性が高い教室では，生徒は気兼ねなく思ったことを発します。その中から本質に迫るつぶやきが聞こえてくることがあります。このネタは生徒のつぶやきを基にした課題ネタです。

> バスケットボール４試合の得点が，18点，11点，14点，x 点のとき，１試合の平均得点を求めなさい。

「この問題を見て，『x 点があるから平均は求められないと思うけど…』というつぶやきが聞こえました。あなたはどう判断しますか？」

このように生徒に問うてみます。x は未知数として扱われることが多く，つぶやいた生徒は，「わからない得点だから平均を求めることはできない」と思ったのでしょう。x 点ではなく，16点などの具体的な数値でなければ，平均は求められないと考えたのです。「〇点」と表せなければ答えではないと思っている生徒もいます。

こうしたつぶやきが実際に生徒から出てくるとは限らないので，上のように発問に転換して問います。

「つぶやいた人はどのように考えたと想像できますか？」

と心の内を想像させると，「私もそう思った！」という生徒もいるかもしれません。

「では，x 点ではなく16点だったら，どんな式で平均を求めますか？」
と発問し，「$(18+11+14+16) \div 4$」を出させます。そのうえで，16点ではなく x 点なので，「$(18+11+14+x) \div 4$」を平均得点と言ってよいと押さえます。「式であり答えでもある」と言い直すと，生徒は安心します。

053

文字の式／文字式の計算

39
「一次」の意味を深く知ろう

説明ネタ

> 教科書では「文字が１つだけの項を一次の項」と定義しています。しかし二次，三次の項を知ってこそ一次の意味が理解できます。そこで，二次式，三次式など高次の式も示して一次の項，一次式を理解させます。

３年生になっても，二次方程式の「○次」や，二元一次方程式の「○元」についての理解が曖昧な生徒は少なくありません。数と式の領域では，学習が問題を解くことに偏りがちで，こういったことを意識する機会が少ないためです。

「○次」について，教科書の定義は次のようになっています。

　　１年「文字が１つだけの項を一次の項という」
　　２年「単項式でかけ合わされている文字の個数をその式の次数という」
　　２年「次数が１の式を一次式，次数が２の式を二次式という」

そこで，今後の学習を先取りして，以下のように二次式以上の高次の式も次々に提示していきます。

---

① $4x + 4$ 　　　　　　　　　：一次式
② $x^2 + 4x + 4$ 　　　　　　：二次式
③ $x^3 + x^2 + 4x + 4$ 　　　：三次式
④ $x^4 + x^3 + x^2 + 4x + 4$ ：四次式
…

このように，二次以上の高次の式も一度に示し，一次式を相対化させて説明することで，生徒は「一次」の意味をよりはっきりと理解できるようになります。

文字の式／文字式の計算

40
式を簡単にするとは？

> 「次の式を簡単にしなさい」という問題があります。教師には何をするべきかはわかりますが，生徒が「簡単」という言葉から思い浮かべることは一様ではないので，その意味を明確にする必要があります。

　教科書の「次の式を簡単にしなさい」という問題に注目させます。
「式を簡単にするとはどういうことをするのでしょうか？　言葉で表してみましょう」
　次の言葉を引き出し，「式を簡単にする」ことの意味を説明しておくとよいでしょう。
・文字の部分が同じ項をまとめる。
　　例　$7x - x = 6x$
・文字の部分が同じ項同士，数の項同士をまとめる。
　　例　$8x + 4 - 6x + 1 = 2x + 5$
・かっこをはずして簡単にする。
　　例　$3x + (5x - 2) = 3x + 5x - 2$
　　　　　　　　　　　　$= 8x - 2$

　具体例を示しながら，「式を簡単にする」とはどのような作業をすることなのかを明確にしておきましょう。小学校での学習を例にして，例えば，「$2 + 3 = 5$」とすることも式を簡単にすることといえると補足しておくと，より明確につかませることができます。

　教科書によっては「式を簡単にする」という表現は使わず，すべて「計算しなさい」に統一している場合もあります。計算することは，これ以上，式を簡単にできない状態までにすると説明してもよいでしょう。

文字の式／文字式の計算

41

なぜ（ ）は
必要なのかな？

> どの教科書にもある「2つの式をたしたり，ひいたりするときは，それぞれの式にかっこをつけて記号＋，－でつなぎます。そして，かっこをはずして計算します」という節名に注目させるネタです。

「教科書を見てください。
式と式をたす　（　　　）＋（　　　）
式から式をひく　（　　　）－（　　　）
このように書いてあります。
これはどういうことを伝えたいのでしょうか？」

説明ネタとはいえ，このように，まずは「どういうことを伝えたいのでしょうか？」と問いかけるとよいでしょう。生徒の読解力を高めるためにも，はじめからすべて教師が説明してしまわない方が良策です。

特にかっこが意味することを考えさせます。

「なぜかっこは必要なのかな？」

と投げかけてみると，生徒は様々な表現をします。

「かっこは，1つのまとまりを表すから必要」「先のかっこの式と後のかっこの式の違いをはっきりさせるために大切」など，生徒なりの考えが出てきます。特に「－でつながれた式では，かっこがないと違う意味になってしまうから重要」などといった意見が出てきてほしいものです。

数学的な表現においてのかっこは，特定の項や演算をグループ化して，それらが1つの単位として扱われるようにするために使われる，などといった説明を加えておきましょう。

文字の式／文字式の利用

42
数量の関係は正しく式に表現されている？

数学が得意な生徒は，関係を表す文章から様々な解釈ができるのですが，不得意な生徒はなかなか多様な考え方ができません。そのような生徒には，考える経験をさせることが大切です。

次の数量の関係を式に表しましょう。
兄は a 円，妹は b 円もっています。あわせると1500円の品物を買うことができます。

この関係式を考えさせると，生徒からは３通りの式が出てくるでしょう。
① $a + b = 1500$
② $a + b > 1500$
③ $a + b \geqq 1500$

①の式は，多くの生徒から出されることでしょう。②③が出ない場合は，教師が提示します。

そのうえで，①②③のどれが正しいかを問い，生徒をゆさぶります。このように問うと，多くの生徒は，正解は１つだと考えます。そこで，関係を表す文章をよく読み，３つの式の正誤を判断するように指示します。

話題になるのは，「買うことができます」という表現です。「『ちょうど買うことができます』なら①だけしかダメだけど，『買うことができます』なら③でもよさそう」などの意見が出てきます。

なお，この問題では「不等号を使いなさい」と指示してしまうと，題意が狭くなってしまうので，「買うことができます」といった表現に留めています。

057

文字の式／文字式の利用

43
どちらがお得に買えるかな？

探究ネタ

　文字の式の総仕上げ的な探究ネタです。すべての条件が示されていないので，解決のための条件が足りないことに気がつかないといけません。また，自分で文字などを設定しなければならない骨太の課題です。

　お店を経営しているお父さんから，以下のポスターをつくったら，クリームパンを４個買おうというお客さんは，Ａ，Ｂのどちらが安いと思うだろうかと質問を受けました。
ポスターＡ／クリームパンは１個25％引き
ポスターＢ／クリームパン２個以上お買い求めの場合，もう１個進呈

　多くの生徒はなかなか解決の方針が決まらないでしょう。「まず確認したいことはあるか尋ねると，「クリームパン１個の値段」という声が上がるでしょう。これが示されていないことを確認して，「仮に100円とする」という条件を付加し，それぞれで考えさせます。
ポスターＡの場合…$(100-0.25\times100)\times4=300$
ポスターＢの場合…$100\times3=300$　ただし２個以上買ったのでパンは４個
　このように，ＡもＢも同じ代金になることがわかります。大切なのは，
「この場合は仮に100円とおいたから同じになったけど，別の値段の場合では異なってくるよね？」
などと揺さぶることです。100円をa円とすれば，ＡもＢも$3a$円となりますから，いつでも同じ代金になることがわかります。
　「では，３個の場合は？」「５個の場合は？」…などと条件を変更していくと，さらに深い探究ができます。

44
どちらも同じことを言っている？

> いくつかの教科書を見ると，方程式の定義は微妙に違います。その違いを生徒に提示して，同じことを表現しているのかを考えさせることによって，方程式の捉えを明確にする課題ネタです。

　方程式の定義は，「まだわからない数を表す文字を含んだ等式」(①)のように書かれている教科書がある一方，「文字に代入する値により，成り立ったり，成り立たなかったりする等式」(②)のように書かれている教科書もあります。そこで，次のように生徒に問うてみましょう。

　「教科書に記載されていることですから，両方とも正しいはずですが，①と②は同じことを言っているとよいのでしょうか？」

　生徒はこれまでこうした問いを投げかけられた経験がないでしょうから，どのように考えたらよいかわからない状況になると思います。

　そこで，例えば，①を基にして②を考えてみるように指示しましょう。①の定義を基にした等式をそれぞれで表現させます。「まだわからない数」を表す文字を x とすると，例えば，「$5x+8=28$」「$12-2x=9$」といった等式が出されるでしょう。

　それぞれの等式を確認した後，これらは②にも当てはまるかどうかを検討させます。例えば，「$5x+8=28$」であれば，x に4を代入することによって等式は成り立ちますが，それ以外の数では成り立ちません。「$12-2x=9$」であれば，すでに方程式の解き方を知っている生徒は，x に $\frac{3}{2}$ を入れればよいことがわかりますが，知らない生徒もある特定の数字を入れないと成り立たないことはわかるでしょう。

　なお，②を発展させると，「$2x+6=2(3+x)$」のように，どんな数を代入しても成り立つ恒等式も話題にできます。

45
方程式の「答え」ではなく「解」という理由とは？

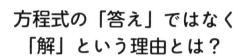

> 小学校での学習経験から，方程式の「解」と言わず，方程式の「答え」といってもよいと思う生徒がいるでしょう。なぜ「答え」ではなく，「解」なのかを次のように説明します。

まずは定義を教えます。

「方程式に当てはまる文字の値を，その方程式の『解』といいます。また，その解を求めることを『方程式を解く』といいます」

そして，方程式の「解」ではなく「答え」といってもよいかを尋ねると，少なからずよいと考える生徒がいます。

そこで，次のように説明します。

「確かにそう思う人がいると思います。

『答え』という意味は，何か聞かれたときや言われたときの返事という意味があります。

『解』には，あらかじめ与えられたものから，論理的に考えて（筋道を立てて）出されてくるものという意味があります。つまり『問題を解く』という意味が強い言葉です。

国語辞典で調べると，

①意味を解き明かすこと，その説明

②与えられた問題に対する答え

③数学で問題を解いて得られた結果

と示されています。②を見ると，解と答えが同じように使われていますが，方程式を解き明かす（方程式に当てはまる文字の値を求める）意味から，方程式の『解』といいます」

方程式／方程式

説明ネタ

46
「等式の性質」の"性質"とは？

> 教師は数学の学習用語には鋭敏になるべきですが，教師にとってはあまりにも当たり前のことで，生徒の理解から乖離している場合があります。「性質」も，生徒にしっかり説明すべき学習用語です。

数学では「等式の性質」「平行線の性質」「図形の性質」など「性質」という用語が出てきます。この「性質」の意味を説明しておくことが大切です。「性質」は国語辞典等で調べてみると，「水に溶けやすい性質のように，その物がもともと持っている特性」といった説明がされています。したがって，数学における「性質」は，そのもの（例　等式，図形）がもっている特徴といった説明をしておくとよいでしょう。

●**等式の性質＝等式がもっている**特徴
　例　等式の両辺に同じ数をたしても，等式が成り立つ。
　　　等式の両辺に同じ数をかけても，等式が成り立つ。
●**正三角形の性質＝正三角形がもっている**特徴
　例　3つの内角は等しい（60°である）。

　余裕があれば，「性格」と「性質」の違いに触れておくとよいでしょう。「性格」は『広辞苑』では，「各個人に特有の，ある程度持続的な，感情・意志の面での傾向や性質」と書かれています。このように「性格」は人に対して使う言葉です。

　数学の授業では，数学のことだけを扱えばよいのではありません。脱線と言われるかもしれませんが，上記のように生徒の学びを広げる説明ができる豊かな教師でありたいものです。

47
移項のイメージを
つかもう

> 移項しているのに符号を変えていない，移項していない項の符号を変えていると，学習の初期はミスが起きやすいものです。「移項すると符号が変わる」ということを感覚でつかむことのできる教具ネタです。

右のように，表と裏で符号だけ変えた項の書かれたカードをつくります。表と裏で色は変え，文字の項と数の項をそれぞれ数枚ずつ用意します。

考えさせたい方程式を板書し，その下にカードを貼って同じ式を提示します。どの項を移項するのかを生徒に確認しながら，「移項すると符号が変わります」と言ってカードを裏返して貼ります。裏返す操作をして項の色を変えることで，符号が変わる感覚を高めることができます。

「$3x-2=x-4$」のように，2つ以上の項の移項が必要な問題は間違えやすいので，特に有効です。

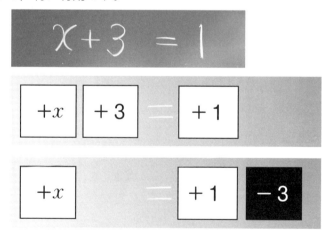

方程式／方程式

48
方程式を
頭の中で解こう

課題ネタ
難易度★

> 方程式の中には，念頭操作（いわゆる暗算）で解けるものがあります。生徒に一律に式を書いて解くように指示する必要はありません。時には時間制限をして，テキパキと解けるように練習させることも必要です。

次の方程式を見てください。念頭操作で解ける，むしろ解いてほしい問題ではないでしょうか。

① $x - 4 = -2$　　② $x - 9 = 3$　　③ $x - 7 = -13$
④ $x + 12 = 8$　　⑤ $x + 7 = 15$　　⑥ $x + 5 = -3$
⑦ $\frac{x}{4} = -3$　　⑧ $\frac{2}{3}x = 8$　　⑨ $4x = 36$
⑩ $-8x = 56$

この10問であれば，2分間程度の念頭操作で正しく解かせたいものです。
例えば，①〜⑩の問題を板書して，

「この10問なら式を書かなくても頭の中で解いて，『①の解は2』と言える人がいるのではありませんか。だれか挑戦してみませんか。その時間を測って，この学級の標準時間とします」

と投げかけます。挙手がなければ，数学が得意な生徒を教師が指名します。
その生徒が10問解いた時間をその学級の標準時間とします。以後は，

「標準時間になったら『はい』と言うので，それより早くできるかどうかに挑戦してみましょう」

と投げかけ，生徒を鍛えます。モデルとして教師が10問解いてもよいでしょう。生徒は教師がどれくらいの時間で解くのか興味をもっています。その際には，生徒に問題の数値を変えてもらってから取り組むとよいでしょう。

方程式／方程式

49
分母を機械的に払わないようにしよう

説明ネタ

> 分数が含まれた方程式を解く学習の後，文字式の計算で分母をはらってしまう生徒がいます。「分母があれば分母をなくせばいい」とインプットされた生徒が起こすミスです。

次のような計算をした人がいます。この人は，どのような考え間違いをしているのでしょう。

$$\frac{x}{4} - \frac{1}{4} + \frac{2}{3}x + \frac{3}{2} = 12(\frac{x}{4} - \frac{1}{4} + \frac{2}{3}x + \frac{3}{2})$$
$$= 3x - 3 + 8x + 18$$
$$= 11x + 15$$

「式に分数が含まれる→最小公倍数をかけて分母をはらう」という意識が強い生徒は，その間違いに気づかず，12をかけるところで計算ミスをしているのではないかと考えます。そこで，次のように目の付けどころを示すと，気づく生徒が多くなります。

「式の数を見てください。$\frac{1}{4}$と$\frac{3}{2}$しかないのに，最後に15という数が出ていることはおかしいと思いませんか。どうしてこうなってしまったのでしょう？」

生徒に間違いを指摘させる中で，方程式を解くときは等式の性質「両辺に同じ数をかけても等式は成り立つ」を活用するから12をかけてよいこと，問題は方程式ではなく文字式の計算であることなどを全体で共有します。

仮に「方程式 $\frac{x}{4} - \frac{1}{4} + \frac{2}{3}x + \frac{3}{2} = 0$ を解きなさい」であれば，12をかける考え方でよいことも押さえておくと安心する生徒がいます。

064

方程式／方程式

50
工夫して解きたくなる方程式をつくろう

課題ネタ
難易度★★

> 等式の性質を使う，移項する，かっこを外すなどの基本的な方程式の解き方を学習したところで，工夫して方程式を解く方法を指導します。工夫の仕方に着眼点をおいたネタです。

　分母をはらって方程式を解くことを学習した後に「$0.3x + 2 = 0.1x + 1.4$」のような問題を扱います。「小数だから面倒くさそうだ」という発言が出たら，しめたものです。

「そのままでも解けそうだけど，たしかに面倒くさそうだね。何かよい方法はないかな？」

と工夫して解くような流れに仕向けます。分母をはらう経験をしていれば，係数を整数にするという視点から，難なく両辺を10倍するという発想に行き着くでしょう。

　そこで，問題演習に取り組ませる前に，

「このように工夫をして解きたくなる方程式をつくってみよう」

と指示します。生徒はどのような工夫があるのかと頭をフル回転させることでしょう。

　まず想定されるのは同じく両辺を10倍させるもの，または100倍，1000倍させるものが出てくるでしょう。どれも同じ発想で解けそうだと整理します。次に想定されるのは，「$0.5x + 2.5 = -x - 0.5$」のような，10倍でもよいけれど，2倍でもよいような複数のパターンが考えられるものです。本人が意図していない場合，

「両辺を10倍する以外の方法で解きたくなった人はいないかな？」

と気づくように水を向けます。他にも，係数が大きい場合に両辺をわるパターンや，左辺と右辺を入れ替えるパターンなどが考えられます。

065

51
解の意味にもう一度戻ろう

> 方程式の単元では，方程式を等式の性質や移項の考え方に基づいて機械的に解くことばかりに重点を置いて指導しがちです。しかし，方程式の解の意味も，学習が進んだところで改めて確認しましょう。

次の方程式を解くとき，AとBのどちらの解き方が，よりよいと考えられるでしょうか。

A $\quad 18=-2x$	B $\quad 18=-2x$
$\quad -2x=18$	（$18=-2\times\square$に当てはまる
$\quad x=18\div(-2)$	数を求めればよいから）
$\quad x=-9$	$\quad x=-9$

等式の性質を使って，計算方法に習熟させる段階では，左のAのように，途中式をしっかり書かせることも大切でしょう。しかし，最終的には右のBのように，手際よく答えを見つけられるようにしたいものです。つまり，いちいち計算しなくても済むものは方程式の解の意味に戻って，解かせたいのです。さらに，簡単な方程式なら，暗算でスラスラ解が見つけられるようにしましょう。

単元の最後の場面では次のようなことも考えさせてみてはどうでしょうか。
「$3(x+2)-5=3x+1$ に当てはまる x の値を求めましょう」

これは，方程式ではなく恒等式です。「x の項を移項すると x がなくなってしまうので，解はない」ということになります。

ここで，方程式の解の意味に戻って考えさせることが大切です。困ったら原点に戻れということです。すると，「x の値がいくつでも等式は成り立つ」「解は無数にあるんだ」ということに生徒は気づきます。

方程式／方程式

52
基本的な方程式の解き方を定着させよう

課題ネタ
難易度★

> 多くの学校では，「方程式」の単元に入ってしばらくすると夏休みを迎えます。数学の学習内容の中でも特に大切にしたい方程式の解き方を全員が身につけ，達成感をもって1学期を締め括るためのネタです。

生徒が今後少なくとも3年間数学を学んでいくことを考えると，等式の性質や移項による簡単な一次方程式は全員が解けるようにしておきたいものです。方程式の問題を10問ほど，級友の力を借りながら全員が解き，充実感をもって終わることのできる，1学期を締め括るにふさわしい夏休み前のネタです。

内容は非常にシンプルです。生徒の実態に合わせた10問を出題します。そして，黒板に生徒全員の出席番号を書き，次のように指示します。

「10問できたら先生のところに持って来なさい。○つけをします。全問正解だったら黒板の出席番号に○をつけましょう。わからない人は○のついている人に教えてもらっても構いません。全員ですべての問題を解き，気持ちよく夏休みを迎えよう！」

わからない生徒は，積極的に仲間を呼び，教えてもらおうとします。○がついた生徒がどんどん増え，最後には全員の番号に○がつきます。みんなで成果をたたえ合い，1学期の授業をよい雰囲気で締め括ることができます。

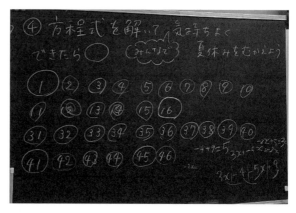

方程式

067

方程式／方程式の利用

53
余るときは「たす」と考えればいいの？

課題ネタ
難易度★★

> 方程式の文章題に「過不足」の問題があります。その問題の本質を捉えさせるための2つの課題ネタです。

> 何人かの生徒でチョコを同じ数ずつ分けます。5個ずつ分けると12個余り，7個ずつ分けると4個足りません。生徒の人数は何人ですか。

これは典型的な「過不足」の問題です。生徒の人数を x 人とすると，
$$5x+12=7x-4$$
という方程式が立ち，生徒は8人になります。そこで次の問題を提示します。

> ペットボトルのふたを子どもから目標数まで集めます。1人5個ずつ集めると，目標数には12個足りません。1人7個ずつ集めると，目標数と比べると4個余ります。何人の子どもから集めようとしているのでしょう。

上の問題は，「余る」は「＋」，しかし，下の問題は，「余る」が「－」という演算になります。上の問題では「足りない」は「－」，下の問題では「＋」となります。ところが，「余る」は「＋」，「足りない」は「－」と形式的に覚え込み，次のような式を立てる生徒がいます。
子どもの数を x 人とすると，
$$5x-12=7x+4 \quad 5x-7x=4+12 \quad -2x=16\cdots?$$
2つの問題に連続して取り組むことで，数量の関係をしっかりつかまないと正しい立式ができないことを実感させることができます。

方程式／方程式の利用

54
その解は問題に合っている？

課題ネタ
難易度★★

> 方程式の文章題では，方程式の解をそのまま答えとするのではなく，解が問題に合っているかを確認する習慣を身につけさせたいものです。解が何を表しているものかを考えることができる課題ネタです。

> 弟が2km離れた駅に向かって家を出発しました。それから15分経って，兄が弟の忘れ物に気づき，自転車で追いかけました。弟は分速80m，兄は分速180mで進むとき，兄は出発してから何分後に弟に追いつくことができますか。

　これは，速さが関わる問題で，方程式の文章題の中でも苦手意識をもつ生徒が多い問題です。兄と弟の進んだ時間や道のりを図や表に整理して，解を求めていきます。方程式の解は12になります。ここで生徒に，
「この12は何を表していますか？」
と尋ねます。生徒からは「12分後に兄が弟に追いつく」という意見が出るはずです。そこですかさず「12分後に2人は何m進んでいますか？」と投げかけましょう。計算をして2人が進んだ道のりを求めると，2160m進んでいることがわかります。生徒から「これだと駅を越えてしまっている」という声が上がるのを待ち，それを全体で共有しましょう。
「この問題で兄は弟に追いついたと言えるかな？」
と揺さぶるのもよい展開です。「追いつくけど駅を越えてしまっている」「駅を越えた地点まで追いつけない」といった様々な表現が期待できます。
　解を確かめる必要性を生徒が感じることで，方程式を解いた後の確認が習慣になっていきます。問題の場面を想像する力も身につけることができます。

55
1人1台端末で
自分の状況を知らせ合おう

> 1人1台端末を手軽に活用して，生徒が自分の学習状況を伝え合う教具ネタです。

> 次の問題があります。妹が1000m離れた駅に向かって家を出ました。その5分後に，兄が同じ道を通って妹を追いかけました。妹は分速60m，兄は分速90mで進むとすると，兄は出発してから何分後に妹に追いつくでしょうか。

これは，数学が苦手な生徒は難しく感じやすい問題です。数学の問題としては文章が長く，条件をどう整理して立式をしたらよいかわかりません。また，問題場面を図に表そうと言われても，どうかいてよいかもわからない生徒もいます。こういった場合，「わからないことを言ってください」と伝えても，なかなか出てきません。

そこで1人1台端末を活用して，それぞれが自分の状況を伝え合う活動を行います。

各自の端末に，「自分の力で解ける＝○，どうしたらよいかがわからない＝◎」のいずれかを入力させ，それを学級全体で見ることができるようにします。「わからない」が◎になっていることにも注目してください。「わからない」と素直に入力することを推奨するためです。時間をかけず，瞬時に入力させるとよいでしょう。

学級全体の様子を把握したら，その状況に応じて，「自由に動いてよいので解決方法を話し合ってください」と指示するか，必要に応じて教師が丁寧に指導するようにします。

方程式／方程式の利用

56
方程式で解ける問題をつくろう

　方程式の文章題を学習した後，自分で問題をつくり，グループで出題し合うネタです。何を x とするかを考えて，自分で問題をつくることで，方程式の理解を深めるとともに，生徒同士で学び合うことができます。

　生徒に1枚の写真またはイラストを提示します。スーパーの野菜売り場の写真など，いくつかの商品と値段がわかるものを選びます。

このイラストを見て，方程式で
解ける問題をつくりましょう。

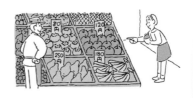

　生徒は写真やイラストを見て，何を x とするかを考えて方程式をつくります。必ず自分のつくった問題は一度自分で解き，どんな答えになるか説明できるようにします。問題をつくることが難しい生徒には，教科書などの問題を参考にするよう助言します。真似してつくることも大切な学びの1つです。

　問題ができたところで，グループ内で問題を出し合う時間を取ります。1人1台端末を活用すれば，簡単に生徒同士で問題を見合うことができます。解き終わった後は，必ず問題の作成者が解説をするようにすれば，一人ひとりに活躍の場をつくることができます。

　さらに学習を深めるために，問題を解き合った後に，自分のつくった問題を振り返る時間も用意しましょう。条件を変えるとどうなるか，さらに難しい問題にするにはどうしたらよいか考えることで，方程式についての数学的な見方・考え方も深まります。

方程式／方程式の利用

57
□倍のときは いつ？

探究ネタ

> 方程式の文章題に「年齢算」があります。この年齢算を基にして，以下に示すように□倍とすることで一気に深い学びにつながる展開ができます。家庭でも探究を続けようとする生徒が生まれるネタです。

> 現在，太郎さんは13歳，先生は53歳です。先生の年齢が，太郎君の年齢の□倍になるのは何年先ですか。

はじめは③倍で考えてみるとよいでしょう。方程式を活用すると，7年後にちょうど3倍になることがわかります。そこで，

「他に何倍のときがあるか（成立するか）確かめてみよう」

と投げかけ，各自あるいはグループで調べさせると，骨太の探究になります。

x 年後に a 倍になるとすると，

$53 + x = a(13 + x)$

$a = \dfrac{53 + x}{13 + x}$

$ = 1 + \dfrac{40}{13 + x}$

より，40が $(13 + x)$ でちょうどわりきれるとき，つまり，$(13 + x)$ が1，2，4，5，8，10，20，40になるときに，□倍になります。

このとき，$x = -12, -11, -9, -8, -5, -3, 7, 27$ となるので，12年前に41倍，11年前に21倍，9年前に11倍，8年前に9倍，5年前に6倍，3年前に5倍，7年後に3倍，27年後に2倍になることがわかります。

比例と反比例／関数

58
ともなって変わる数量を
たくさん見つけよう

探究ネタ

> 1つの数量を変えると，それにともなって変わる数量がたくさんあります。それらの中には，比例・反比例以外の関数もあるということに気づかせることができる探究ネタです。

1辺が16cmの正方形の厚紙の四隅から右図のように合同な正方形を切り取り，ふたのない箱をつくる場面です。切り取る正方形の1辺の長さを変えると，それにともなってどんな数量が変わるのかをできる限り多く出させます。

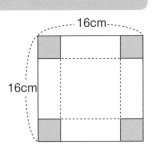

長さに関係するもの
　ア　箱の底面の1辺の長さ
　イ　箱の底面のまわりの長さ
　ウ　箱の高さ

面積・体積に関するもの
　エ　箱の底面積
　オ　箱の側面の面積
　カ　展開図の面積
　キ　切り取った正方形の面積
　ク　箱の容積

その他
　ケ　重さ

ケ以外は，切り取る長さを1cmずつ変えたときの数量を具体的に計算して表にまとめることができ，方眼用紙に点を取ることができます。点の並び方から，比例・反比例ではない関数があることを，視覚的につかむことができます。

59
数学的な表現にこだわろう

「関数」領域ではどの学年も伴って変わる量が学習の出発点になります。一方が変わると，それに伴って他方が変わるときの表現が，国語的ではなく数学的であることが重要です。それを説明するネタです。

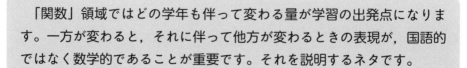

1辺の長さが16cmの正方形の厚紙があります。その四隅から，同じ大きさの正方形を切り取って箱をつくります。切り取る正方形の1辺の長さを変えると，それにともなって，どんな数量が変わりますか。

生徒は，この問いに対して，「箱の高さ」「底面の大きさ」「箱の体積」などをあげることでしょう。このときに大切なことは，それぞれがどのように変わってくるかを問うことです。

例えば，箱の高さであれば，「高くなってくる」とか「切り取った長さだけ高くなる」と表現したり，底面の大きさや箱の体積なども，「どんどん増えてくる」といった表現をすると思います。

こうした表現については，

「国語的な表現ではなく，数学の授業なのだから数学的な表現をすることが大切です」

ときちんと説明をすることが，関数の学習の出発点として重要です。

「『どんどん増えてくる』というのは，国語の授業ではよしとされるかもしれませんが，数学の授業ではそのような曖昧な表現は認められません」

ときっぱり生徒に伝えることです。そのうえで，変わり方をどのように表すとよいかをこれから考えていきますと，今後の学習の大きなねらいを提示するとよいでしょう。

比例と反比例／関数

60
関数と言えないものを見つけよう

課題ネタ
難易度★★

> 関数かどうかを判定させる問題が多い中，関数と言えない事例を見つけさせ，関数関係の理解を深める課題ネタです。

縦が150cmの窓を開けます。窓を動かした長さを x cm，開いた部分の面積を y cm²とすると，
$$y = 150x$$
という式が成り立ちます。y は x の関数になっています。

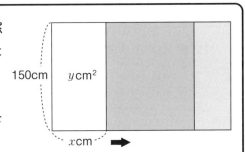

では，この窓を開ける場面で，一見関数になりそうだと思えるけれど，じっくり考えると関数にはならない２つのものをたくさん見つけてみてください。

生徒の反応が芳しくないときは，教師が事例を示すとよいでしょう。
・動かした長さ x cmと，入ってくる風の量
・動かした長さ x cmと，窓の枠の長さ
　このようなわかりやすい事例を示すと，求められている２つのものが思い浮かぶ生徒は多いでしょう。出された事例を基に，一方が変化すると，もう一方もそれにともなって変化し，一意に決めることができるかどうかをその都度確認することで，学級全体の理解が進みます。時として，関数関係にないものをあえて教師が提示することも，理解を深めるには効果的です。

比例と反比例／関数

61
どこを測っているの？

> 愛知教育大学の飯島康之先生が開発された図形ソフトGCを使うと，図形を自由に作成したり，動かしたりできます。ここでは，「どこを測っているの？」と題した教具ネタを紹介します。

長方形ABCDがあります。点PはAからDに，点QはBからCへ向かって動きます。v, x, y, z, wはどこを測った値なのでしょうか。

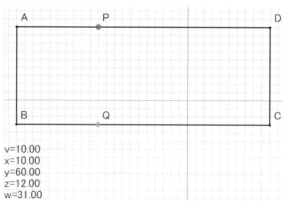

上図には, https://yiijima.sakura.ne.jp/GCs/rc/gchtml/gc_00007-iijima-2022-10-087.htm からアクセスできます。

教師がまず点Pや点Qを動かしてみることです。すると，数値の変化が表示されます。例えば，点Qを点Cに移動すると，yが186と表示されます。生徒は，この数値はどこを測ったのだろうと考え始めます。理由を明確にして，測定箇所を確定していく思考力を高めるよいネタです。

【参考文献】
・飯島康之編著（2022）『ICT活用を位置づけた中学校数学の授業モデル　1年』（明治図書）

比例と反比例／関数

62

変域はどんなときにつけるの？

> 比例の式でも反比例の式でも，式だけの場合と，変域をつけた式にする場合があります。どんなときに変域をつけ，どんなときにつけないかを自然に考えさせる説明ネタです。

　関数の指導に入ると，関係を式化させることがよくあります。最初に身近な具体例から入っても，変域のない式のみで終わらせ，そのまま指導を続けます。しばらくして，変域を導入するために，また具体例に戻り，関係を変域付きの式に表すことが一般的に行われています。しかし，これでは変域をつけなければならない場合と，つけなくてもよい場合が生徒にはよく理解できません。

　変域をどのようなときにつけ，どのようなときにつけないかを考えさせるよりも，「変域はいつでもつけるものである」とした方が，生徒は理解しやすいでしょう。

　具体例を示します。比例の関係 $y=3x$ を取り上げます。
「x の値は，どのような場合が考えられますか？」
と発問し，考えさせてみましょう。次の意見が出てきてほしいものです。

$y=3x(x は正の数)$　　$y=3x(x は自然数)$　　$y=3x(x はすべての数)$

　変域は，不等号で示すものだけと勘違いをしている生徒もいるので，このことにも触れておきましょう。こうした説明を通して，生徒は教科書以上の学びを得ることができます。

　最後に，「x はすべての数」の場合は，変域を省略するのが普通であることをつけ加えます。

比例と反比例／比例

63
将棋の解説を読み解こう

説明ネタ

> 将棋の人気が高まり，動画サイトでも将棋の解説動画をたくさん見られるようになりました。将棋の駒がどこに指されたかを解説の音声から読み取らせ，座標の考え方をつかませる説明ネタです。

「将棋の解説に隠されている秘密を探ってもらいます。解説者の言うことをよく聞いてください」と言って解説動画を流すと，生徒は集中して動画を見ます。解説者が駒を動かしたときに動画をいったん停止し，「今，何と言っていた？」と聞きます。右図であれば，生徒は「7八金」と言うので，『ななはちきん』と全部ひらがなで板書します。

9	8	7	6	5	4	3	2	1	
									一
									二
									三
									四
									五
									六
									七
		金							八
									九

同様のことを何度か行い，

「金を動かして『ななはちきん』と言ったけど，『ななはち』とは何？」

と聞き返すことで，「なな」は7，「はち」は八のことで，金の指された場所を2組の数で表していることをつかませます。このように，身近なものから考えることで，座標に対する抵抗感を減らすことができます。

この後，座標軸のかかれた方眼用紙を使って，4象限ある座標へと広げていきます。4人グループに座標軸のかかれた方眼用紙を配付し，グループ内の1人がある点を指で指して，残りの生徒が座標を答えたり，1人が座標を言って，残りの生徒がその座標の点を指したりする活動が定着に有効です。

64
座標の表し方を使っているものは？

> 普段の生活の中にも，座標の表し方を使って，位置を的確に示しているものが数多くあります。日常に潜んでいる数学に気づかせることで，数学を学ぶことの意義を感じさせられる課題ネタです。

座標についてひと通り学習したうえで，

「この教室で，座標の表し方を使っているものはないかな？」

と聞きます。すると，生徒は教室中を見渡して，「掲示物の時間割表や給食当番表」「自分の座席」「ロッカー」など，いろいろなものをあげます。

「時間割表のどこに座標の考え方が使われている？」

	月	火	水	木	金
1	数学	数学	音美総	英語	国語
2	音楽	国語	社会	国語	保体
3	社会	英語	家庭	数学	社会
4	英語	保体	技術	理科	数学
5	美術	理科	国語	保体	英語
6	理科	総合	学活	学裁	道徳

と問うと，生徒は，「月1は数学，火3は英語とわかるから，時間割表は座標の表し方と同じです」と具体的に語り出します。座席についても「家族や他のクラスの友だちに自分の席を伝えようとしたとき，『窓側から〇番目，前から△番目』って伝えるから，この言い方は座標の表し方と同じだと思う」と語ります。こうして，座標の考え方は普段から利用されていて，便利なものであるということに気づくことができます。続いて，

「教室に限らず，座標の表し方を使っているものはないかな？」

と尋ねると，生徒は自分自身の体験や生活の中から必死で探します。映画館やコンサート会場の座席，対戦ゲームの位置情報，マンションの部屋番号などを見つけていきます。この「自分自身の体験や生活の中から探す」というのが大切なことです。

比例と反比例／比例

65
比例のグラフはどう変化する？

教具ネタ

> 1人1台端末を活用して，比例定数を変えながら比例のグラフを表示し，グラフの傾きと比例定数の関係を視覚的につかませます。比例のグラフがいつも原点を通るということも一目瞭然です。

元大阪教育大学附属高等学校池田校舎の友田勝久先生が開発された関数ソフト GRAPES-light を使い，$y = ax$ のグラフを表示し，比例定数（パラメータ値）を変えることで，グラフも変化する様子を見せます。

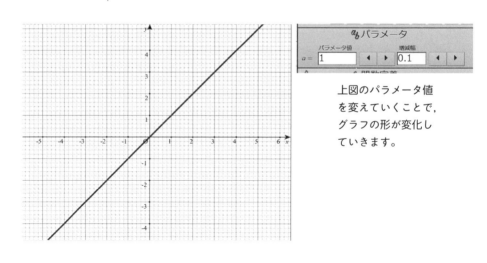

上図のパラメータ値を変えていくことで，グラフの形が変化していきます。

「どんな変化があった？」

と尋ねると，グラフの傾きの変化について生徒から意見が出ます。

次に，

「変わらないところはあった？」

と尋ねると，いつも原点を通る直線であることが発見できます。

比例と反比例／比例

66

表・式・グラフを関連づけよう

課題ネタ
難易度★

> 関数の学習では，表・式・グラフの3つをそれぞれ関連づけて考えることが大切です。これまでに学習した比例の関係を表・式・グラフの3つにまとめ，どこに関連性があるのかを見つける課題ネタです。

比例する2つの数量を例にあげ，表・式・グラフの3つで表します。

例えば，$y=-2x$ であれば右図のようになります。そこで，

「表や式，グラフの数値はどこに関係がありますか？」

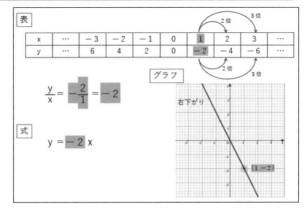

と投げかけます。気づいたことを矢印で結びつけたり，ふきだしで書き込んだりするように，指示するとよいでしょう。

「表の $x=1$ と $y=-2$ はグラフ上の点になります」「式の -2 の部分はグラフで x が1増えると y が2減ることを表しています」「式の $a=-2$ はグラフの右下がりと関係しています」など，生徒から出た発言を価値づけながら板書していきます。

これまで学習してきたことを一度整理することで，関数の見方が豊かになります。その後に学習する関数でも，常に表・式・グラフの3つを関連づけて考えることをここで確認しましょう。今後の学習を見通したうえでの指導が大切です。

比例と反比例／反比例

67
グラフとは
点を結ぶもの？

課題ネタ
難易度★

> 反比例の学習に入っても，「グラフとは2つ程度の点を取り，直線で結ぶものである」と認識している生徒が少なからずいます。その認識を払拭するためのネタです。

　比例を学習したときと同様に，反比例でも表，式グラフをかいていきます。1つ目は，扱いやすい $y=\frac{6}{x}$ を取り上げるとよいでしょう。この式に対して(1，6)(2，3)などの格子点を方眼上に取っていき，次のように生徒に伝えます。

「右のように12個の点を取ったよ。では，$y=\frac{6}{x}$ のグラフをかきたいので，これらの点をこんな感じでつないでいきます。

なるほど…，反比例のグラフはこんな形になるんだね」

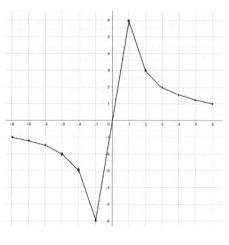

　生徒は，これに対して口々につぶやき始めます。「反比例のグラフは直線じゃない」「$x=0$ のときの y の値はないはず」といった内容です。これらの発言に一つひとつに対して，

「どういうこと？」

と対話していくと，反比例のグラフの特徴の理解につながっていきます。

　同様にして，漸近線のイメージをもたせるためにも，教師が大げさに間違いを演出するとよいでしょう。

比例と反比例／反比例

68
反比例のグラフはどのように変化する？

教具ネタ

> 1人1台端末を活用して，比例定数を変えながら反比例のグラフを表示し，グラフの形と比例定数の関係を視覚的につかませます。比例定数がどれだけ変化しても，グラフがx軸やy軸とは交わらないことも確認できます。

手がきの場合，比例のグラフに比べて，反比例のグラフは，比例定数を変えていくつもかくことは大変です。そこで，関数ソフトのGRAPES-lightを使って反比例$y=\dfrac{a}{x}$のグラフを表示し，パラメータ値を変化させることで，グラフが変化する様子を見せていきます。

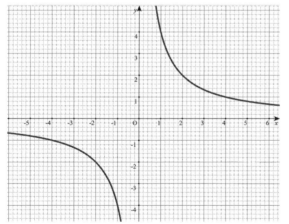

上図のパラメータ値を変えていくことで，グラフの形が変化していきます。

どのように変化するかを生徒に予想させてからパラメータ値を変更していくとよいでしょう。変わるところと変わらないところに着目すると，グラフの特徴がよく理解できます。

比例と反比例／反比例

69

グラフが x 軸や y 軸に接しない理由は？

課題ネタ
難易度 ★★

> 生徒に反比例のグラフをかかせると，x 軸や y 軸に接している場合や，このまま延長すると x 軸や y 軸に接すると考えられる場合があります。そのようなことは起こらないことを意識させるための課題ネタです。

「右のような反比例のグラフがあります。こんなことは起こるでしょうか？」

「こんなことは起こらない」という生徒は多いことでしょう。しかし，

「その理由を説明してください」

と問うと，明確に答えることができる生徒は多くはありません。

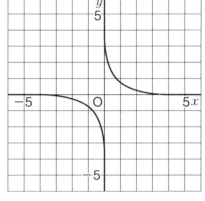

そこで，ペアなどで話し合わせます。完璧な解答は求めず，思いついたことを発表させ，それを重ねる授業展開を心がけるとよいでしょう。その中で，中学1年生として，次のような考えに到達すれば大いに認めましょう。

・グラフが x 軸に接するということは，y が 0 になるということ。$y = \frac{a}{x}$ から考えると，a は 0 になるときしかないので，ありえない。

・グラフが y 軸に接するということは，x が 0 になるということ。$y = \frac{a}{x}$ から考えると，分母の x が 0 になると式自体が成り立たないので，ありえない。

学級全体が考えに行き詰った場合，「『仮に接するとしたら…』と考えるとよい」と助言しましょう。

比例と反比例／比例，反比例の利用

70
並んでいる人数から
待ち時間を予想しよう

探究ネタ

　関数とみなすことができる事象は，現実世界にあふれています。関数的な見方を働かせることで，「関数は実際に役立ちそうだ」「自分もこういう経験がある」と実感できる比例の利用に関するネタです。

　私があるお店に入るために並んでいると，前に20人並んでいました。5分後には12人になりました。あと何分で店に入ることができますか。

　上の問題を提示し，右の画像を生徒に示します。
　生徒にとって親近感のわく問題です。
　「さらに5分経過したときの人数」「1人あたりにかかる時間」

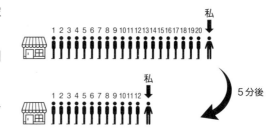

「1分あたりに進む人数」などに着目して考えるでしょう。式を立てて考える生徒も出てくるかもしれません。ある程度の考えを共有したら，
　「不思議なことはありませんか？」「本当にそうなのでしょうか？」
などとゆさぶってみるとよいでしょう。「それぞれ注文するものも違うのだから，かかる時間が一律であるわけがない」のような発言があればしめたものです。「確かにそうだね。現実の場面として考えていてすごい」とほめながらも，「列の進み具合を一定とみなすと，待ち時間は並んでいる人数に比例すると考えることができ，待ち時間を予想できる」とつなげます。
　さらに，このように，何かを一定とみなすことで直接知ることが難しいものを予測できる例はないかを問えば，本質的で発展的な課題になります。

比例と反比例／比例，反比例の利用

71
解凍する時間と
ワット数の関係は？

探究ネタ

> 電子レンジで解凍する時間とワット数には，反比例の関係があると言われています。それを探究するネタです。

右は，ある冷凍食品に表示されていたものです。500Wで解凍すると約7分10秒かかり，600Wで解凍すると約6分40秒かかるという意味です。

500W	約7分10秒
600W	約6分40秒

解凍時間yは，ワット数xに反比例すると言われています。
この表示から，解凍時間とワット数の関係式を表しなさい。

反比例と定義されているので，「解凍時間＝a(比例定数)÷ワット数」から，
　500Wのとき，430秒＝a÷500から，$a=215000$
　600Wのとき，400秒＝a÷600から，$a=240000$
となり，aは一定ではないことに生徒は気づきます。

この違いをどう捉えるかを問うてもおもしろいでしょう。冷凍食品の種類によってもaの値は様々だと考えたり，実際に他の食品を調べてみたりしようとするかもしれません。

ちなみに，aの違いはワット数を上げたとき電子レンジの力がより大きくなるためと捉える生徒がいるかもしれません。そのようなときは，まずは大いにほめて，

「インターネットでもっと詳しく調べてみてごらん」

などと自ら探究しようとする意欲を高める声かけをするとよいでしょう。

平面図形／直線と図形

72
図形って何？

説明ネタ

> 頻繁に使っている言葉も，改めてその意味を聞かれると戸惑うものです。「図形とは何ですか？」という問いについてはどうでしょうか？生徒の図形の概念を揺さぶる展開を紹介します。

「図形とは何ですか？」
という問いを生徒に投げかけたら，どのような反応が返ってくるでしょうか？

これまでの経験では，「三角形」「四角形」など図形の名前をあげる場合，「線で囲まれてできた図」のように図形そのものを説明しようとする場合がありました。

そこで，いずれについても次のように揺さぶります。

「なるほど。では三角形のこの部分を少し消してみます。辺がほんのわずかですがなくなり，くっついていません。これは図形ではないのですか？」

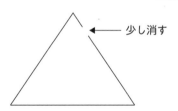

多くの生徒が図形とは線分で閉じられているものと考えているので，この質問には驚きます。そこで次のように説明します。

「図形とは，数学においては，面・線・点・立体，またはそれらの集まりをいいます。したがって，点そのものも図形なのです。線も図形なのです。辺で囲まれているかどうかは，図形であることにはまったく関係ありません」

平面図形／直線と図形

73
作図に必要な持ち物を
そろえよう

教具ネタ

> 中学校ではじめての図形の単元に入ります。三角定規，分度器，コンパスを使う場面が出てきます。しっかりと持ち物をそろえて授業に向かわせたいものです。当たり前のことを当たり前にさせることも授業者の腕の見せ所の1つです。

　生徒に，三角定規，分度器，コンパスを持ってくる必要があることを知らせます。小学校の学習でも使用しているため，多くの生徒は持っていますが，なくしてしまった生徒，壊してしまった生徒も少なくありません。忘れ物をなくすための教師の話にもいくつかポイントがあります。

①時間的な余裕をもって，事前に伝える

　購入する必要がある生徒もいます。親に話して，週末に買い物にいく場合も想定して，1週間程度は余裕をもって伝えます。

②教師用を持参して，見せながら伝える

　視覚的な情報が与える影響は大きいものです。黒板でも使える大きな三角定規などを見せながら伝えます。「先生もちゃんと準備しているのだ」という小さな信頼感にもつながります。

③必要性を伝える

　今後の授業にも，高校入試にも必要な可能性があることを伝えます。「壊れていて使えないコンパスを持ってくる生徒がたまにいますが，それはコンパスとは言わず，ただの棒きれと呼びます」などとユーモアを交えて伝えるとよいでしょう。使える状態かどうかを確認させます。

④必ず持ってきたかどうか確認する

　机の上に出させ，持ってきたかどうかを確認し，忘れた生徒がいた場合には必ず指導し，個人的に約束をします。

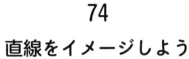

平面図形／直線と図形

74
直線をイメージしよう

説明ネタ

> 図形の授業では，いかに生徒にイメージをもたせるかが大切です。例えば直線のイメージをどのようにもたせていますか？ ちょっとしたしかけで生徒が直線のイメージを捉えることができる説明ネタです。

直線について生徒に投げかけながら，次のように説明していきます。

「直線とは，限りなくまっすぐにのびている線です。とても単純な説明ですね。限りなくのびているのですよ。黒板にかいた直線には，左右に限りがあるように見えますが，これを直線と言われれば，左右に限りなくのびているように見なくてはいけません。そのように見えていますか？」

「ところで，下の２つの直線は交わっているでしょうか？」

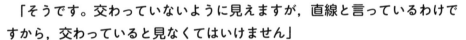

「そうです。交わっていないように見えますが，直線と言っているわけですから，交わっていると見なくてはいけません」

「今，先生は１本の直線を持っています。いいですか，左右に限りなくのびているように見ていますか？ では，この直線をグルっと回します」

このように言いながら，直線を生徒の方へ向けるようにします。直線をしっかりイメージしている生徒の中には，頭を下げて直線に当たらないように動く生徒がいるかもしれません。大いにほめましょう。

仮にそのような動きがなくても，次のように言います。

「**直線は君たちの方へ向けているから，体を突き抜けているわけだ**」

このようにイメージをもたせることで，豊かな見方が育ちます。

75
定義に当てはまらないものは？

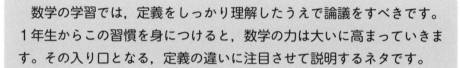

　教科書では「直線は，まっすぐに限りなくのびている線」と示されて（定義されて）います。このような説明を聞いたとき，「まっすぐに限りなくのびていない線は何というのだろう？」と，定義に当てはまらないものを意識して考えると，数学の力が高まります。この場合は，曲線や線分などがあてはまります。

　「直線の一部分で，両端のあるものを線分といいます」と説明したときは，「両端がないものは何だろうか？」と考えさせてみたり，教科書で調べさせてみたりするとよいのです。直線は，もともと端がないものだと確認すると，「そのようなものを表現すること自体ができないはずだ」などと，数学の世界に興味をもつ生徒がいます。定義を当たり前とせず，このようにゆさぶりをかけてみると，教える側にとってもおもしろいことが見えてきます。

　「半直線は1点を端として一方にだけのびたもの」と定義されます。半直線ABの例を図で表して，

「何か思うことはありませんか？」

と尋ねると，「点Bから点Aを通ってのびている半直線は，半直線BAというのですか？」といった質問が出てくるでしょう。

　そのような生徒を大いにほめ，定義を基にいろいろなことを考えるよさを共有しましょう。

平面図形／直線と図形

76
直線と直線の
位置関係を整理しよう

> 数学的な見方・考え方は様々です。授業の中で教師が進んで活用し，見方・考え方のよさを知らせることが大切です。このネタはその１つで，すべての場合が出尽くしていることを交点の数ではっきりさせます。

直線と直線の位置関係を説明する場面です。
「ノートに１本の直線を引きます。そこにもう１本の直線をかき加えます」
指名により，黒板に様々な位置関係の場合をかかせるとよいでしょう。

そのうえで，次のように発問します。
「直線と直線の位置関係はこれですべて表すことができましたか？」
中学１年では，この発問は難しいと感じられるかもしれませんが，「位置関係」は大切な学習用語ですから，しっかりと教えます。位置関係は「平行である」「交わっている」の２つになります。これを押さえたうえで，３本の直線の位置関係は何種類になるかを考えさせます。

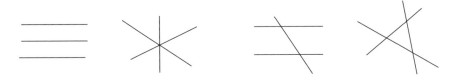

この際，これですべての場合を出し尽くしたかを問います。これも数学的な見方・考え方を育てるうえで大切な問いです。交点の数で整理すると，０，１，２，３となります。

平面図形／移動と作図

77

伝統的な模様から
3つの移動を見つけよう

課題ネタ
難易度★★

> 平行移動，対称移動，点対称移動の3つの移動を学習します。身の回りの様々な例が考えられますが，アニメで一躍有名になった「麻の葉模様」を扱うと，数学的な見方と共に日本の伝統文化にも触れられます。

　日本の伝統の模様をいくつか紹介し，平行移動や対称移動，点対称移動をいくつか確認します。そして右図のような「麻の葉模様」を紹介します。

　そして，教師が適当な「元となる図形」を決め，塗りつぶして全員に示します。

　そのうえで，元となる図形を平行移動，対称移動してできる図形を見つけ，塗りつぶします。生徒のつぶやきを拾い，たくさんあることを共有した後は，すべて塗りつぶすように指示します。

　平行移動は同じ方向に連続していくので，いくつか見つけたら，次々と見つけることができます。しかし，対称移動は難しいものもあります。対称移動の軸を規則的に動かしていくイメージをつかんだ生徒を指名するなどして，ときどき全体で共有する時間を設けます。

　個人やグループで気づいたことを全体発表するときは，ICT（1人1台端末）の出番です。拡大して見せながら説明させたり，画像をそれぞれのタブレットに送信したりすると効果的です。また，移動してできる図形を見つける際にも，グループでの協働編集で塗りつぶすようにすると，対話が生まれるきっかけになります。

平面図形／移動と作図

78
図形の移動を
じっくり観察しよう

図形の移動は，言葉で説明するよりも移動の様子を実際に見た方がイメージしやすいものです。GeoGebra を活用すると，動的な教材を生徒に提示したり，生徒が実際に動かしたりすることができます。

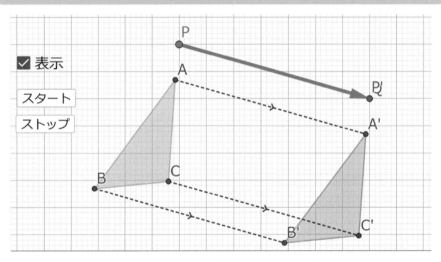

GeoGebra は動的な教材を作成・利用できる，無料のソフトウェアです。上図のようなアニメーションを見せて，生徒に聞きます。

「このアニメーションは，何を表していますか？」

教師が説明するのではなく「平行な線が３本できている」「移動する前と後で三角形の形は変わっていない」といった生徒の発言をつないでいくことで，図形の移動について定義することができます。生徒の言葉を大切にしましょう。

79
角の二等分線の作図を見て，考えよう

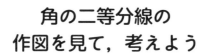

> 「教師が話す時間は短くするべきである」とはよく言われることです。角の二等分線の作図の仕方やその意味を教師が説明するのではなく，ただ作図の仕方を見せることで，生徒に操作の意味を考えさせ，理解を深めるネタです。

教師は黙ってゆっくりと角の二等分線を作図する様子を見せます。デジタル教科書に作図動画がある場合，それを見せる方がよいでしょう。そして，
「何をしているところでしょうか？」
と尋ねます。これは，「この操作は何をしているの？」（p.35）で紹介したものと同様の考え方であり，教師の説明を極限まで減らして考えさせる，汎用性の高い発問です。

生徒は教師の作図した手順を振り返ったり，動画を見直したりしながらじっくりと考えるものです。そして「はじめにコンパスを使ったから，これは円の一部」「こことここの長さは等しい」「これは平行四辺形をかいたのかな？」「すべての辺が等しいからひし形だ」「ひし形の対角線ということは…」のような発言の中で，作図の意味が生徒の言葉でつくられていきます。

生徒が納得したところで，教師が改めて「ひし形をかいて，その対角線をかくから，角の二等分線になるんだね」と確認しながら作図する様子を見せます。生徒にはいくつかの種類の角の二等分線をかくように指導し，作図方法を定着させます。また，生徒の状況に応じて，
「必ずひし形でなくてはいけないの？」
と問い，たこ形を使った作図について考察させたり，
「どんな角に対しても，角の二等分線がかけそう？」
と問い，180°の場合を考えさせたりします。

平面図形／移動と作図

80
円の中心はどこ？

課題ネタ
難易度★★

線分の垂直二等分線の作図を利用する問題です。基本の作図をどのように利用すると課題が解決できるかを考えさせます。円がどういう性質の図形であるかを再確認することができます。

右図のように，中心角が180°よりもやや小さめな（ここがポイントです）おうぎ形の弧の部分を提示し，生徒に尋ねます。

「一部分が消えてしまったこの円の中心はどこでしょう？」

「これは半円ですか？」と聞く生徒がいますが，それも含め生徒自身に考えさせます。

下図のように，半円の弧であると考えた作図が多く見られるので，そこが本当に円の中心なのかを問うと，自分で円をかいて，問題の弧と重ならないことから半円ではないと気づきます。じっくり考えさせることで，「円の中心はこの垂直二等分線上にあるはず」「垂直二等分線が1本では中心が1つに決められない」「もう1本垂直二等分線をかいたらどうかな」と，2本の垂直二等分線の交点が円の中心であることに気づいていきます。

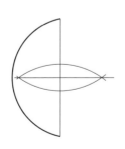
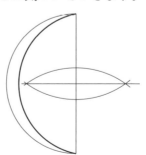

平面図形／移動と作図

81
75°の角を作図しよう

探究ネタ

> 学習した作図方法を使い，指定の角を作図する探究ネタです。ある生徒の式を見てその考え方を読み取り，作図で実際に表すという段階を経ます。

75°の角を作図するのに，たかしさん，しんやさん，のりこさんの3人は，次の式を考えて作図を始めました。

たかしさん　75°＝60°＋15°
しんやさん　75°＝45°＋30°
のりこさん　75°＝180°－45°－60°

3人の考えをふまえて作図をしましょう。

これらの式からすぐに作図の方法を考えられる生徒は多くはありません。そこで，ペアや4人グループで相談してもよいと伝えます。教師は話し合いを聞きながら，作図のヒントになりそうな言葉を板書します。「60°は正三角形の1つの角だね」という言葉が聞こえたなら，黒板に「60°正三角形」と板書します。「45°は直角の半分だから…」と耳にしたら，「45°直角の半分」と板書します（「つぶやき板書」といいます）。行き詰まっている生徒のヒントとなったり，話し合いのきっかけになったりするからです。

「では，考えを発表してもらいます。○○さん，『60°は正三角形』と言っていたけど，その考えを使った考え方から発表してください」

と，つぶやき板書を生かして指名します。線分の垂直二等分線，角の二等分線などを組み合わせることで，式に基づいた作図ができることに注目させるとよいでしょう。

平面図形／円とおうぎ形

82

説明ネタ

弓の字に注目しよう

> 円とおうぎ形にかかわる基本用語は，しっかり身につけさせておきたいものです。漢字でしっかり書けるように指導しておきましょう。「弓」に注目させることが説明のポイントです。

「円とおうぎ形の基本用語について説明しますので，しっかりと覚えてください」
と投げかけ，テンポよく授業を進めます。
　「点Oを中心とした円があります」
　「円の周のことを円周といいます」
　「中心Oと円周上の点を結ぶ線分の長さについて，どのようなことが言えますか？」
と問いかけ，円は1点から等しい距離にある点の集合とみることができることを伝えましょう。

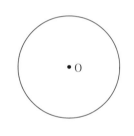

　次に，右図のように，弧，弦を説明します。円周のAからBまでの部分を弧ABということを伝えます。
　ここで疑問に思う生徒がいるはずです。上側の弧も下側の弧も同じ弧ABでよいのか。教科書や学習指導要領に用語は出てきませんが，学習指導要領にないから教えないのではなく，よい機会と捉えて説明したいものです。長短を区別して，長い方を「優弧」，短い方を「劣弧」といいます。また，弦ABと弧ABによって囲まれた図形を「弓形」ということも知らせます。共通している「弓」の字に注目させ，基本用語は漢字で書くことができるように指導します。

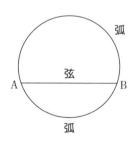

平面図形／円とおうぎ形

83
ケーキを3等分にするには？

課題ネタ
難易度★

> 半径を使って切ることのよさを引き立たせ，おうぎ形の性質を学ぶ課題ネタです。このネタを通して，弧，弦，中心角などのおうぎ形に関する用語の理解ができます。

黒板にホールケーキに見立てた円をかき，これを3等分したいことを伝え，右の点線で切って見せます（書籍『ケーキの切れない非行少年たち』（宮口幸治著，新潮新書）の中で紹介された切り方を参考にしています）。

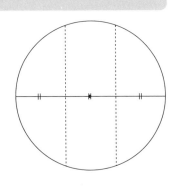

生徒はすぐに「えっ？」「そんなふうに切るのはおかしい」といった反応を示すでしょう。

そこで，

「何がおかしいの？ 3等分できているよね？」

と教師がわからず屋を演じれば，自然と生徒から数学的に価値のある発言が出てきます。それらを整理して，「おうぎ形にはどんな性質があるのか」に焦点を当て，先ほどの切り方と比較しながら，円の弧，弦，中心角，弧の表し方などを知らせます。必要に応じて，ケーキを等分するという視点に戻りながら，おうぎ形の中心角の意味を知り，等しい中心角に対する弧の長さや面積の関係について学んでいきます。

「これからホールケーキを食べるときには『たくさん食べたい』というようなあいまいな表現ではなく『中心角60°のおうぎ形分食べたい』という定量的な表現ができますね」

などと，ユーモアを交えながら締め括るとよいでしょう。

平面図形／円とおうぎ形

84
共有する点の数に
注目しよう

課題ネタ
難易度★

> 円と直線が1点だけを共有するとき，直線は円に接するということを知り，接線，接点という用語を学びます。ただの用語理解にとどまらず，ここから図形における重要な数学的な見方・考え方へと広げるネタです。

右の図のように円と2点で交わる直線を引き，その交点をA，Bとします。また，線分ABの中点をMとします。このとき，OMとABは垂直になります。（△OAMと△OBMは，3組の辺がそれぞれ等しいので合同になります。合同な図形の対応する角は等しいため，∠OMA＝∠OMBだからです）。

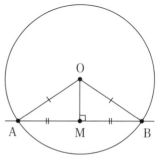

ここで，直線を図の下の方向に平行移動していくとどうなるかを考えさえます。2つあった交点が，ある瞬間だけ1つになり，次の瞬間には交点がなくなります。これを教師が動的に表現することで「接する」という状態の特別さを感じさせます。そのうえで，次の課題を与えます。

> 円と直線の位置関係についてわかったことをまとめよう。

生徒の考えを「交点の数」という視点でまとめていきます。交点が2個の場合，1個の場合（接する），0個の場合と数値化することに価値づけをします。すると，交点が3個の場合はできないため，もう他の位置関係はないことがわかります。これは，直線同士の位置関係や空間図形における位置関係などを考えるうえでの土台にもなります。感覚的な理解を数学の土台に乗せることは，数学教師の大切な仕事です。

099

平面図形／円とおうぎ形

85
面積を求める
問題をつくろう

> 図形の面積を求めるとき，一部を移動することで，複雑に見える図形でも簡単に計算できるようになることがあります。自分自身で問題をつくらせることで，その感覚を高める探究ネタです。

右の図は，1辺の長さが10cmの正方形に半径5cmの半円が2つかかれたものです。グレーの図形の面積を問うと，「正方形の半分の面積だから50cm²」とすぐに答える生徒がいます。なぜ正方形の半分の面積と言えるのかを問うことで，上半分の半円を下へと平行移動するか，もしくは

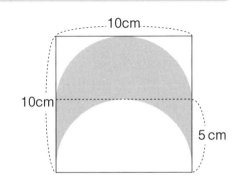

下の2つの端の部分を上に平行移動することで正方形の半分の長方形になるという考えを共有し，図形の一部分を平行移動・回転移動・対称移動することで，簡単に面積を求められることを確認します。

その後，生徒に自由に問題をつくらせていきます。図形の移動の復習とともに，一見複雑に見える図形でも分割して移動すれば単純な図形と捉えることができる見方が高まっていきます。

また，仲間の問題を解くことで，自分にはない発想に触れ，アイデアの幅を広げたり，仲間を認めたりするきっかけにもなります。

さらには，自分の問題を解いてもらって仲間から様々な言葉をかけてもらうことで，数学を学ぶ楽しさを味わい，学ぶ意欲を高めることにもつながっていきます。

空間図形／立体と空間図形

86

立体の辺，面，頂点の数を調べよう

探究ネタ

> 「オイラーの多面体定理」に関するネタです。厳密な証明は難しいので全体では扱わないのが無難ですが，単元末において取り組めば，空間図形の総復習にもなります。

まずは，学習した立体の中から代表的なものと，正多面体を表にしたものをプリントやデータで配付します。下のようなイメージです。

見取図				
名称	三角柱	正四面体	立方体	四角錐
面の数	5	4	6	5
辺の数	9	6	12	8
頂点の数	6	4	8	5

頂点，辺，面の数を数えることで，空間把握能力を育成できます。立方体，三角錐などの基本的な立体は，すべての生徒に頂点，辺，面の数が数えられるようになってほしいものです。また，上では省略していますが，数学が得意な生徒でも，正十二面体や正二十面体の頂点や辺の数を数えるのは考えがいのある課題です。ある程度できたところで，表を見て，生徒に気づいたことをあげさせながら，オイラーの多面体定理「頂点の数－辺の数＋面の数＝2」を導き，その美しさを味わいます。

空間図形／立体と空間図形

87
立面図も平面図も正方形になる立体を考えよう

課題ネタ
難易度★★

> 教科書に掲載されている立体は，三角柱，四角錐，球…など，名前のあるおなじみの立体で，投影図を示されればすぐにどの立体かわかります。そこで，投影図の万能性をゆさぶり，発想を広げます。

投影図の意味を理解し，三角柱，四角錐，球などを見分ける学習をした後に，さらに発想を広げます。

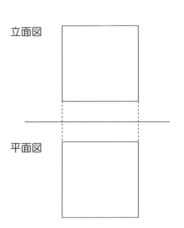

「投影図を見れば，どんな立体でもすぐにわかるようになったね。さて，これは先生の頭の中にある立体の投影図です。どんな立体でしょう？」

と右図を見せながら問いかけます。多くの生徒は，何の疑問ももたず「立方体」と答えるでしょう。しかし，ここで教師が自分の頭の中にある立体とは違うと伝えます。

立方体しかありえないと思っていた生徒は，考えを改めはじめ，だんだんと本質に迫っていきます。置き方によっては円柱もこのように見えることを示せば，生徒は発想を広げ，かまぼこのような形や，直角二等辺三角形を底面にもつ三角柱などの様々な立体を思い浮かべます。

投影図も万能ではなく，見取図や展開図などそれぞれの図にはそれぞれのよさがあり，使い分けることが大切であることに気づかせます。また，側面図をあわせて示すことがあるということにも触れておくとよいでしょう。

空間図形／立体と空間図形

88
見取図，展開図，投影図の特徴に迫ろう

立体を平面上で表現するための図として見取図，展開図，投影図の主に3つを学びます。どれも万能ではなく，それぞれの図には便利な点や注意すべき点があることに気づくことができるおすすめのネタです。

右図のような立方体を提示します。点A，C，Fを結び，△ACFをつくります。このとき，△ACFはどんな三角形かを考えます。

3辺の長さは見た目には異なりますが，実際にはすべて合同な正方形の対角線であるため，3辺の長さは等しく，正三角形であることに気づかせます。

ここで視野を広げて，次の課題を示します。

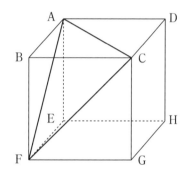

見取図，展開図，投影図の特徴を自分なりにわかりやすくまとめよう。

まずは△ACFが正三角形であることに気づいた経緯を振り返りながら，見取図の特徴についてまとめます。「辺や面のつながりを捉えたり，立体の形を想像したりしたいときにはとても便利。でも，辺の長さや角の大きさ，面の形や面積などは実際とは異なる」といった内容になるとよいでしょう。箇条書きにしたり，図にかき込んだりしながら自分なりにわかりやすくまとめさせることで力がつくことでしょう。

見取図についてまとめたら，それを参考にして展開図，投影図の特徴もまとめ，クラス全体で交流して理解を深めます。

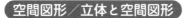

空間図形／立体と空間図形

89

平面から空間へと視点を広げて考えよう

 説明ネタ

> 数学は「広げる」学問です。このことを強調するため，平面図形で学んだことを空間図形に広げて考えることが大切だとを伝えます。

「平面においては，1点を通る直線は何本もありますが，2点を通る直線は1本しかありませんでした。では，空間ではどうでしょう？」

このように投げかけます。こうした投げかけは，生徒の視点を平面から空間へと一気に広げます。そのうえで，空間内の平面に話題を絞っていきます。

「直線はまっすぐに限りなくのびている線でした。これと同じように考えると，平面は平らに限りなく広がっている面と考えることができます。平面も空間で考えてみます」

このように，しっかり定義した後，空間へ視点を広げます。

「1点Aを含む平面はいくつありますか？」

「2点A，Bを含む平面はいくつありますか？」

「3点A，B，Cを含む平面はいくつありますか？」

教師は，生徒の数学的な見方・考え方を育む役割を果たすことを常に意識し，この例のように，考える事柄を徐々に広げていきます。

「3点A，B，Cを含む平面は1つしかありません。ただし，3点A，B，Cは同じ直線上にないことが重要です」。こうしたことも教師が説明するのではなく，

「3点A，B，Cを含む平面は1つしかないと言ってよいでしょうか？」

と，生徒に投げかけることが大切です。生徒に活躍の場をつくるためにも，考えて発言させることを心がけましょう。3本指で下敷きを支える動作を見せて，3点で1つの平面が決まることをイメージさせておくとよいでしょう。

空間図形／立体と空間図形

90
空中にある点Aを通る線をかこう

説明ネタ

> 平面図形と空間図形を一気に結びつける説明ネタです。立体の見方と調べ方の第1時で使います。「授業は布石の連続」といいますが，このネタを使うためには，平面図形での導入が重要になります。

　平面図形では，次のように導入します。黒板に点Aをかいておき，
　「点Aを通る線を好きなだけかきましょう」
と指示します。生徒は，点Aを通る直線や曲線をいくつかかくことでしょう。押さえておきたいことは，平面上の1点を通る線は，直線と曲線があり，それぞれ無限にあることです。そのうえで，もう1点Bをかき加え，
　「点A，Bを通る線を好きなだけかきましょう」
と指示します。2点を通る直線はただ1つであること，曲線は無限にあることを押さえるためです。
　このような平面図形での導入を基にして，空間図形では，次のように導入します。
　「平面図形の最初の時間では，黒板にかいた点Aを通る線を好きなだけかきましょう，と言いましたね。これからは空間図形です。この点Aを空中に（黒板の点Aを指で押さえておき，その指を黒板から離して，点Aが空中にあるように見せて），さあこの点Aを通る線を考えてみよう」
と投げかけるのです。
　空間図形ですから，点Aを通る面も考えさせます。次に点A，Bを通る線，面と話を進めていくことで，空間図形の学習が平面図形としっかり連動します。

空間図形／立体と空間図形

91
空間における位置関係を実感しよう

課題ネタ
難易度★★

> 空間における位置関係を学ぶ場面では，他の単元以上にイメージが大切になります。実際に私たちが暮らしている世界を三次元空間だと捉えて，その中で数学的な見方・考え方を働かせるような指導が必要です。

右の図のように，2点A，Bを含む平面はいくつもあります。しかし，直線AB上にない点Cを通る平面は1つしかありません。このことから，同じ直線上にない3点を通る平面は1つしかないことがわかります。多くの教科書でも，右のような一般的な直線や平面を用いて説明がされています。

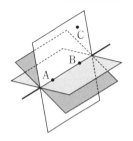

しかし，教師は目の前の生徒に実感をもってこのことを理解させなければいけません。そこで，次の課題を出します。

> このことをうまく使った身の回りのものを探してみよう。

学校にあるものでいうと，天窓や賞状入れなどがあげられます。実際にそれらを見ながら「ここが直線で，確かに面が動く」のような発言を引き出します。

3点を通る平面が1つしかないことを利用したものは，カメラの三脚があります。脚が3本である理由を考えていくと，4本脚の机が場所によってはガタガタすることがある説明もつきます。

空間図形／立体と空間図形

92
ねじれの位置を実感しよう

教具ネタ

> 空間内の２直線が，平行ではなく，交わらないときの関係「ねじれの位置」を，身近なものを使った教具をつくり，実際に見える形にすることで実感させるネタです。

　空間内の２直線が平行ではなく，交わらないとき，その２直線の関係を「ねじれの位置」にあるといい，同じ平面上にはありません。生徒にとっては，言葉で説明するより具体物の方が理解しやすいので，わりばしに食品ラップをつけた簡単な教具を用います。

　上の写真のように示し，２直線（２本のわりばし）の位置関係を問うと，生徒は「平行」と答えます。また，２直線が１つの平面上にあることもつかむことができます。

　次に，下の写真のように２直線を動かすと，ラップがねじれる様子から，「ねじれた」とつぶやく生徒が出てきます。ここで，数学用語「ねじれの位置」を押さえます。実感に勝るものはありません。さらに，この２直線が同一平面上にないことも，ラップの状態から自然と理解することができます。

空間図形

93

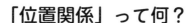

「位置関係」って何？

説明ネタ

> 教師は何気なく使っていても，わからない生徒にはさっぱり…という言葉はたくさんあります。例えば「位置関係」という言葉もその1つです。位置関係を理解させるための展開です。

「これまでに『位置関係』という言葉は何度か出てきました。改めて聞きますが，位置関係とはどういうことでしょうか？」

このように生徒に投げかけたときに，どのような反応があるでしょうか。わかっているようでわかっていないのが，この「位置関係」です。

そこでまず，位置関係を示す言葉を思い出すままにドンドン発言させてみます。数学的な用語ではないものも出てくるかもしれませんが，イメージをもつには大切な過程ですので，自由に発言させましょう。

- ・交わる　　・垂直　　・交差　　・くっついている　・離れている
- ・平行　　　・重なる　・さわる　・上にある

こうした遊びを取り入れた後，改めてグループになって，教科書から位置関係を表している記述，図を見つけさせるとよいでしょう。ペンを直線に見立てて，位置関係をいろいろと表すように指示してもよいでしょう。

ちなみに『算数・数学指導事典』（教育出版センター）によれば，「図形どうしの位置関係に着目すると，ある図形を基準として他の図形をそれとの位置関係によって分類することができる。この見方は，図形を考察するための1つの観点として重要である」と述べられています。

したがって，今考えている位置関係がすべての場合なのかを考える習慣をつけるのはとても大切なことです。例えば，

「空間における3本の直線の位置関係は全部で何種類になるでしょう？」

といった投げかけをするとよいでしょう。

空間図形／立体と空間図形

94
いろいろな位置関係を撮影しよう

教具ネタ

> 空間内の位置関係を説明するときには，立方体などの教科書に出てくる立体からではなく，日常的な場面から考えさせたいものです。生徒が思い思いの位置関係を積極的に見つけ，理解を深めるネタです。

　2直線，直線と平面，2平面のそれぞれについて，平行やねじれの位置にあるなど，位置関係を考える際，よくあるのはペンを直線，ノートを平面と見立て，どんな位置関係があるのかを考えるというものです。この方法もよいのですが，1人1台端末（カメラつきの端末）を使って，生徒の自由な発想を広げてみるのはどうでしょうか。

> 直線や平面とみることができるものとそれらの位置関係を撮影しよう。

　この課題1つで，あらゆる位置関係について学ぶことができます。他の生徒の迷惑にならないよう配慮することなどの事前指導を行い，教室の外に出ることを認めます。電柱，フェンスの枠，国旗掲揚塔，校舎の壁面，サッカーゴール，下駄箱など，様々なものを直線や平面と見立てて，それらの位置関係を考えながら撮影させます。

　教室に戻ったら「直線と平面，垂直に交わる」「2平面，平行」のように，対象と位置関係の組ごとに写真を共有します。クラウド上の共有ノートに表を準備するのがよいでしょう。他のグループの写真を見ると「なるほど」「自分たちと同じだ」「おもしろい」などの声が上がります。級友からの率直で肯定的な反応はうれしいものです。また，全体では，写真を見てもどこにその位置関係を見いだしたのかがわからなかったものを取り上げ，撮影したグループの意図を考えさせたり，確認したりします。

空間図形／立体と空間図形

95
面や線を動かしてできる立体を探そう

課題ネタ
難易度★

> 柱体は「多角形や円をその面に垂直な方向に一定の距離だけ平行に動かしてできる立体」と捉えることができます。このように立体を「面や線を動かしてできる」とみることで、数学的な見方・考え方を広げます。

様々な立体を，多角形や円をその面に垂直な方向に一定の距離だけ平行に動かしてできる立体と捉えたり，母線を動かしてできる立体とみたり，面を回転させてできる立体とみたりするような具体例をいくつか紹介し，その見方・考え方を理解させます。そのうえで，次の課題を提示します。

> このように見ることができる立体を身の回りから見つけよう。

これだけで，生徒は課題を自分事として捉え，生徒ならではのアイデアを出します。下図は，生徒が実際に提出したデータです。他にも，ドーナツやバームクーヘンなどの身近な食べ物もあげられることでしょう。それぞれの立体が，どんな図形をどのように動かしたのかを確認しながら，理解を深めていきます。実際には，水筒のふたの部分やドーナツの微妙な凹凸があるものですが，それらを数学的な立体と捉え，円柱やトーラスとみなすような見方・考え方のよさも伝えるとよいでしょう。

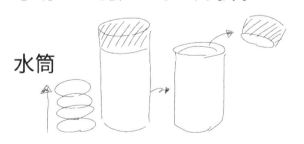

空間図形／立体の体積と表面積

96
回転体の体積を求めよう

課題ネタ

難易度★

生徒にとって，回転体が平面図形を1回転させてできる立体であることは比較的理解しやすいものですが，このネタは，どこに回転の軸があるかが大切であることを実感させる課題ネタです。

右図のような長方形を提示し，

「この長方形を1回転させてできる回転体の体積を求めよう」

と投げかけます。「回転の軸はどこですか？」とつぶやく生徒がいるので，各自設定させます。

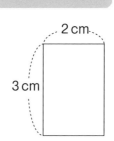

下図のように，様々なパターンを生徒が考えるので，それらを全員で確認していきましょう。実際に長さを決めて計算することで，回転の軸が変わると体積も変わることに気づきます。ここから，どこに回転の軸があるかということの重要性を感じることができます。オのような回転の軸の場合は，中学校1年生には体積を求めることは難しいことを伝え，どんな回転体になるかのイメージをもたせることにとどめます。

また，「体積が最小になるのは？」「最大になるのは？」と問うことで，回転の軸が長方形上にあるときに最小となることや，長方形から遠くなるほど体積が大きくなり最大値が決まらないことにも触れることができます。

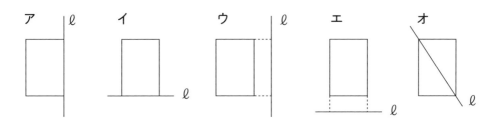

空間図形／立体の体積と表面積

97
動画が伝えたいのは どんなこと？

教具ネタ

> 錐体の体積が高さと底面積の等しい柱体の体積の3分の1になることは，錐体に水を汲み柱体に入れていくとちょうど3杯分になるという実験による説明が一般的です。それを一方的な説明にしないひと工夫です。

　例えば，円錐の体積を求める際に，高さと底面の半径がともに等しい円柱を用意し，円錐に水を汲み，円柱に入れていくと，ちょうど3杯分で円柱に水がいっぱいになります。多くのデジタル教科書が採用している動画です。ここで，教師が「この動画から，錐体の体積は柱体の体積の3分の1ということがわかりましたね」と言ってしまっては，生徒は考えることなく，受け身のままです。

　そうではなくて，

「この動画は，どんなことが伝えたいのだろう？」

と発問するだけで，生徒の思考は大きく動きます。そして，生徒の発言をつなぎながら，結論を導きたいものです。

　今，読解力が重要であることが唱えられています。AIの大きな進歩により，文章を与えれば，統計的なデータから「ありえそうな答え」を出すことは容易になりました。しかし，その精度を考えると，生成された答えを読解する力が不可欠です。ここで読解力とは，ただ文を読む力のことではなく，図表や動画なども含めた様々な情報を正確に読み取る力と解釈すべきです。このひと工夫は，そういった読解力を鍛えることになります。

　ポイントは，生徒の言葉で理解した意味を出力させることです。そのためにも，1人1台端末を使って動画が見られる環境にしておきます。個人やグループの実態に合わせて，生徒の手で動画を再生したり，止めたりしながら，対話を進めることができます。

空間図形／立体の体積と表面積

98
球の体積の公式を求めよう

説明ネタ

> 球の体積を説明するには，厳密には積分が必要です。しかし，ここでは多くの教科書が取り扱っているように，容積の実験を行う方法で十分でしょう。半球，円柱の体積との比較で球の体積に迫ります。

　半径 r の球の体積を求めるために，その球をすっぽりと覆う円柱と，半球を使った容積の実験を行い，半球3杯分で円柱がいっぱいになることを確認します。あとは生徒との対話から，球の体積の公式を求めていきます。その際に，黒板やICT機器をうまく使い，下のような図を生徒と一緒につくっていきます。最後に，全員がこの図を指さしながら「球は半球の2倍だから…」のように，球の体積の求め方が説明できるようになればOKです。

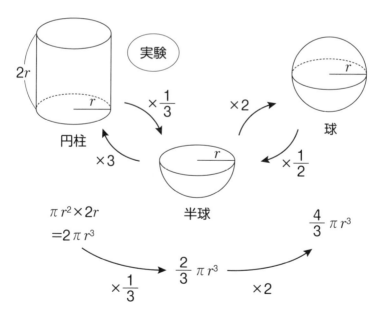

データの活用／ヒストグラムと相対度数

99
50m走のタイムが遅い方が年収は高い!?

課題ネタ
難易度★★

> 世の中にはたくさんのデータがあります。「数字はうそをつかないが，うそつきは数字を使う」などともいいます。単元の導入としても使える，一見騙されてしまいそうなデータを与え，データの見方の大切さを感じさせる課題ネタです。

> 仕事をしている人を対象に『50m走のタイム』が速いグループと遅いグループを調べたら，遅いグループの方が速いグループより『年収』が高いことがわかりました。この結果からどんなことが考えられますか。

生徒は「足が遅い方が落ち着いている人が多いから，結果的に年収が高くなるのでは?」などとおもしろい予想をします。しかし，実際にはそんなことはありません。年収が高い人は年齢が高い傾向にあり，年齢が高い人は足が遅い傾向にある，という当たり前の相関関係があるだけです。相関関係から因果関係を導き出すには慎重でなければならないというよい例です。

他にも，「コーヒーを飲む人にはそうでない人よりも喫煙者が多い」とすると，仮にコーヒーそのものは癌を防ぐものだとしても，喫煙の害がコーヒーの健康効果を上回り，まるでコーヒーが体に悪いかのような結果が出てしまいます。このような例は他にもたくさんあげることができます。生徒の実態に適したものを1つ紹介して，じっくり考えさせた後，解決に導きます。解説を聞けば，中学生でもおかしさに気づくことができますが，大人でもこのような素朴な統計的誤りには陥りがちです。単元のはじめで扱う場合，「この単元でデータの見方を鍛え，おかしなデータに騙されない大人になりましょう」と注意喚起して，単元への意欲を高めることがおすすめです。

データの活用／ヒストグラムと相対度数

100
棒グラフとヒストグラムの違いは何？

課題ネタ
難易度★★

> ヒストグラムを学習すると，どの生徒も棒グラフのことを思い出します。過去の学習を想起できたことを称賛したうえで，どう違うのかを説明させ，本質的な違いを明確にするための課題ネタです。

> ヒストグラムを学習しました。小学校で学習した棒グラフとどこが違いますか。説明してみよう。

　だれもができる活動として，
「教科書でヒストグラムについて書かれている箇所を抜き出してみよう」
と指示するとよいでしょう。教科書には，次のような記述があります。

・柱状グラフのことをヒストグラムともいう。
・ヒストグラムの長方形の面積は，各階級の度数に比例している。
・ヒストグラムをつくると，データの分布の様子がひと目でわかる。
・同じデータであっても，階級の幅を変えてヒストグラムをかくと，グラフの形が変わり，データの特徴の見え方に違いが生じる場合がある。

　そのうえで，小学校の教科書などから，典型的な棒グラフを見せて，その違いに気づかせるとよいでしょう。例えば，以下のような説明になります。
「棒グラフは項目の個数を棒の長さで表したもの。個数だから階級や度数という考えはない。データの分布の様子は表していない」
　教科書の記述を基に考えさせることで，どの生徒も取り組むことができる課題になります。

データの活用／ヒストグラムと相対度数

101
アンケートフォームで
データを集めよう

教具ネタ

> データの収集においては，1人1台情報端末を活用したいところです。クラウド上で簡単にアンケートフォームをつくることができます。ここではGoogleフォームを活用する例を示します。

1　新規のフォームを作成する
2　タイトルと説明を入力する
　　例　睡眠時間調査（平日1日にどれくらい寝ているかの調査です）
3　質問を入力する
　　例　①4時間未満　②4時間以上〜6時間未満
　　　　③6時間以上〜8時間未満…
4　質問を追加する
5　必須回答を設定する
6　プレビューを確認する
7　アンケートを公開する

　右図は，アンケートを作成中の画面です。実際に作成してみると，とても簡単にできます。入力者も限定することができるので，安心して調査ができます。

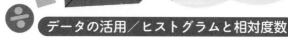

データの活用／ヒストグラムと相対度数

102
Google スプレッドシートを活用しよう

教具ネタ

> 度数分布表や代表値の学習後は，自分が興味をもったデータを調べる学習へとつなげていきます。大量のデータを扱う場合には，Google スプレッドシート（以下，スプレッドシート）を活用すると便利です。

　データを整理する際に，スプレッドシートを使うと簡単にヒストグラムを作成したり，代表値を求めたりすることができます。

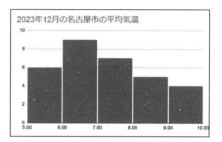

　上図は，スプレッドシートを使って，1か月の平均気温について整理したものです。並べ替えをすれば，データを小さい順や大きい順に並べ替えることができます。ヒストグラムや折れ線グラフも簡単につくることができるため，生徒と使い方を確認して自由に使えるようにするとよいでしょう。
　代表値も，以下の関数を利用すれば，簡単に求めることができます。

・最大値＝ MAX（セルの範囲）　　・最小値＝ MIN（セルの範囲）
・平均値＝ AVERAGE（セルの範囲）　・合計＝ SUM（セルの範囲）
・中央値＝ MEDIAN（セルの範囲）　・最頻値＝ MODE（セルの範囲）

　実際にスプレッドシートを使ってみると，生徒もその便利さを実感するはずです。

データの活用／ヒストグラムと相対度数

103
代表値と考えられるものを すべて抜き出そう

説明ネタ

> この単元では，いろいろな学習用語が登場します。中でも，代表値はどの生徒にも必ず理解してほしい学習用語です。そこで，教師がその意味を説明するのではなく，代表値を教科書から抜き出す活動を通して，しっかりと理解させます。

「これから教科書の節全体を振り返り，学習用語を見ていきます。この中で，代表値と言ってよいものをすべて抜き出してみましょう」

このように生徒に投げかけます。教科書の該当ページを順次確認させながら，自分が代表値と考える用語を出させます。おそらく「最小値」「最大値」「範囲」「階級」「累積度数」「平均値」「中央値」「最頻値」「階級値」などが出されるでしょう。その中で，判断に迷った用語を生徒に発表させるとよいでしょう。

「代表値はデータの値全体を代表する値」という記述を見つけた生徒は，「語尾に『値』がついているかどうかで，代表値と判断するとよい」と発言するかもしれません。様々な用語が出てくる中で，その共通性に注目したことを大いにほめましょう。

これに基づくと，「範囲」は代表値とは言えません。しかし，「『最大値と最小値の差』という定義から，範囲は１つに決まるので，代表値と言ってもよいのではないか」といった意見が別の生徒から出されるかもしれません。こうした疑問をもった生徒もほめ，範囲はデータのばらつきを簡単に把握するための基本的な指標と言われるもので，代表値には入らないということを説明しましょう。

データの活用／ヒストグラムと相対度数

104
バランス感覚がよい人はどんな人？

課題ネタ
難易度★★

> 教室で実験をすることで，生徒がそうした結果になる要因について考えたいと思う場面を設定することができます。特に準備の必要がなく，データの収集が容易にできる課題ネタです。

> 今からみなさんのバランス感覚を試します。
> その場に立って，目を閉じた状態で片足立ちをします。
> 片足で何秒立っていられるかをストップウォッチで測りましょう。

　班で1人ずつ目を閉じて片足立ちをし，何秒立っていられるかを計測します。測った秒数をGoogleフォームなどに入力し，集約したところで，学級の平均値や中央値を求めたり，度数分布表などを作成したりします。

　学級のデータが整理できたところで，データの範囲を学年に広げて分析することもできます。

　「この実験で長く立っていられる人の特徴を見つけよう」
と指示し，関係すると思われることを出し合います。「運動部に所属しているかどうか」「1日に7時間以上寝ているかどうか」など，生徒から出た考えをアンケートにし，片足立ちのタイムとともに学年の生徒に回答してもらえば，何がバランス感覚と関係するのかを分析することができます。

　例えば，運動部に所属している人と所属していない人のデータをヒストグラムにして，運動部に所属している人のバランス感覚がよいのかを調べます。明らかに関係がある要因が見つかるかはわかりませんが，自分たちで仮説を立て，結果の背景を考えるという経験は，今後のデータの活用の学習にも生かすことができます。

データの活用／ヒストグラムと相対度数

105
データから必ず言える ことを考えよう

> データから必ず言えることを発言できれば，データの特徴や傾向を読み取れているということです。新たに自分で選択肢を考えることによって，データを読み取り，分析する力を高める課題ネタです。

中学校のサッカー部員25人がハンドボール投げをしました。記録の平均値は27mでした。次の①②③は必ず言えることでしょうか。

①全員の記録を合計すると，675mになる。
②記録が27mだった生徒が一番多くいた。
③記録を大きさの順に並べたとき，大きい方から数えて13番目の部員の記録は27mだった。

個人思考後，ペアで話し合わせます。②③については，必ず言えるかどうか迷う生徒が多いはずです。必ず言えないと考えた理由を出し合ってもよいでしょう。
①～③について考えたら，
「④として，必ず言えるかどうかを迷う選択肢を考えてください」
と指示し，じっくりと考える時間を与えます。
「平均値が27mであることから，多くの人は26～28mほどの記録だった」など，生徒なりに考えた新しい選択肢が出されることを期待しましょう。時間があれば，生徒が考えた新しい選択肢について全体で考えます。

データの活用／ヒストグラムと相対度数

106
テスト結果の言い訳を考えよう

探究ネタ

> テスト返しの際に、生徒が必ず気にするのが平均点です。平均より上か下かによって、結果のよい、悪いを判断しているからです。平均を盲信している生徒に、違う見方があることに気づかせる探究ネタです。

危機を回避しよう

下の数字は、しばたくんのクラスの数学テスト結果（100点満点）を出席番号順に並べたものです。しばたくんは33点しかなく、ただ点数を伝えただけではお家の人に叱られてしまいます。データの活用をうまくして、危機を回避しよう。

```
25, 28, 45, 44, 41, 28, 58, 88, 100, 21, 28
16, 50, 50, 45, 33, 21, 22, 24, 25, 26, 28
30, 45, 28, 23, 25, 22, 77, 100, 26, 58, 26
14, 12, 69, 28, 18, 53, 100
```

☆つけてほしい力
　①度数分布表をかく　　　　　②ヒストグラムをかく
　③度数分布多角形をかく　　　＊階級の幅をどうするとよいか
　④代表値（平均値、中央値、最頻値など）を求める
　⑤結果をまとめ、活用をする
　＊タブレットを有効に活用する

　上のようなデータを配付し、あとはたっぷりと時間を与えましょう。ゴール（危機を回避すること）と、つけてほしい力を明示しておくことで、生徒は必要に応じて教科書を見て調べたり、級友に聞いたりしながら、つけてほしい力を獲得していきます。部分的な自由進度学習の実現です。この学習を通して、データを様々な代表値で検討することの重要性に触れます。

データの活用／ヒストグラムと相対度数

107
どの配り方が一番よい？

探究ネタ

　この単元の学習では，データを収集とその判断，活用が大切です。生徒がそのことを実感できるように授業を仕組むとよいでしょう。そのための探究ネタです。

　給食を早く配って，みんながゆっくり食べる時間を多く生み出したいと考えています。まずは，おかずの配膳に限定します。どのような配り方をしたら，短時間で配ることができるでしょうか。

　上の課題に対して，生徒からは様々な配り方が出されます。
①一人ひとりが食器を持ってきて，それぞれでおかずを入れる。
②食器を配膳机に並べておき当番がおかずを入れる。食器は各自取りに来る。
③食器を配膳机に並べておき当番がおかずを入れる。食器はそれぞれのところに当番が配る。

　おかずを配ることに限定しても，いろいろな方法が出されます。食べる時間を多く生み出す方法を決めるために，どのようにしてデータを集めるとよいかをグループで検討させます。
・①，②，③による配り方を5回ずつ行い，その時間を比較する。
・列ごとに①，②，③の配り方をして，その時間を比べてみる。

　また，どのようなグラフで表すとよいか，平均値で決めるのか最小値で決めるのかなど，一番よい方法を決定するためのデータの捉え方を考えさせるとよいでしょう。話し合いの中で，時間だけでは決めることができないという意見が出てくるかもしれません。より現実的に考えている意見として尊重しましょう。

データの活用／ヒストグラムと相対度数

探究ネタ

108
分析したことを
スライドにまとめよう

　自分が興味をもったデータについて調べる学習で，調べたことをスライドにまとめて発表するという探究ネタです。データから何が読み取れるかを，相手にわかりやすく伝える方法について考えることができます。

　データについて度数分布表やヒストグラムで調べた後に，何が読み取れるのかをスライドにまとめていきます。

　以下のスライドは，片足閉眼立ちのタイムを分析して，その結果は「足のサイズによって差があるのではないか」と予想をした生徒が作成したものです。

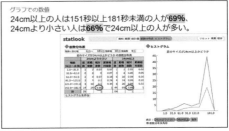

　自分がなぜそのテーマにしたのか，データの分布はどのようになっているか，データから何が読み取れるのかなどをスライドにまとめていくことで，他者意識をもって学習に取り組むことができます。相手にわかりやすく情報を伝えるという経験は，数学に限らず今後どの学習においても大切になっていきます。

　スライドを使った発表会では，お互いに質問ができる場をつくります。「本当にデータの読み取り方は正しいか」「データから別のことは言えないか」など，別視点からデータを分析することで，データを批判的に分析する力も高めることができます。

データの活用／データに基づく確率

109
「確率」の説明を掘り下げよう

説明ネタ

> 教師が説明して簡単に終わらせてしまいがちな学習用語にこだわり，生徒のわからなさに寄り添いながら理解を深めていく説明ネタです。

教科書では，確率について，おおよそ次のように説明されています。

> あることがらの起こりやすさの程度を表した数のことを，そのことがらが起こる「確率」といいます。

どの教科書でも同様の説明がなされていることから，教師は明確な説明と捉えがちですが，「わからない」と感じる生徒は少なからずいます。

例えば，「『あることがら』という文言が示しているのが，具体的にどういうことがらなのかわからない」という生徒がいます。まずは「わからない」と素直に発することができたことを大いにほめましょう。そのうえで，

「同じようにわからないという人は手をあげてください」

と尋ねると，予想以上に多くの生徒が手をあげることがあります。そこで，

「『あることがら』とは，具体的にどんなことなのかをペアで出し合おう」

とステップを踏むと，教科書の事例や自分の身の回りの出来事を基に説明できる生徒がいるはずです。こうしたとき，教師が最初に事例を出す場合がありますが，生徒が活躍できる場を増やす意味でも，生徒に考えさせることが大切です。

また，「起こりやすさの程度」は，「相対度数＝あることがらの起こった回数÷全体の回数」を使って説明するよう指示してもよいでしょう。あることがらが必ず起こる場合は，確率が1となることがはじめて理解できる生徒がいます。

データの活用／データに基づく確率

110
2040年の出生数や出生率を予想しよう

課題ネタ
難易度★★

> 厚生労働省は，合計特殊出生率（15～49歳までの女性の年齢別出生率を合計したもの）を公開しています。そのデータを基に，2040年の出生数や出生率を予想する課題ネタです。

次のように生徒に投げかけます。

「この表は，厚生労働省がウェブ上で公開している，年ごとの出生数と出生率（1人の女性が子どもを生む人数）です。

この表から，2040年の出生数と出生率を予想してみましょう。みんなの予想後，厚生労働省による推計を発表します。国の推計にどれほど近づけるか，楽しみにしています」

	出生数（人）	合計特殊出生率
2001年	1,170,662	1.33
2002年	1,153,855	1.32
2003年	1,123,610	1.29
2004年	1,110,721	1.29
2005年	1,062,530	1.26
2006年	1,092,674	1.32
2007年	1,089,818	1.34
2008年	1,091,156	1.37
2009年	1,070,036	1.37
2010年	1,071,305	1.39
2011年	1,050,807	1.39
2012年	1,037,232	1.41
2013年	1,029,817	1.43
2014年	1,003,609	1.42
2015年	1,005,721	1.45
2016年	977,242	1.44
2017年	946,146	1.43
2018年	918,400	1.42
2019年	865,234	1.36
…	…	…
2040年（推計）		

厚生労働省の2040年の推計は，出生数は740,000人，出生率は1.43です。生徒は，出生数が2001年に117万人ほど，2019年は87万人ほどで，ほぼ20年で30万人減っているので，2040年は57万人と予想するかもしれません。出生率は，1.3～1.4台で安定しているので，かなり近い数値を出すかもしれません。

【執筆者一覧】

玉置　　崇（岐阜聖徳学園大学）

芝田　俊彦（愛知県小牧市立応時中学校）

山本　龍一（愛知県小牧市立応時中学校）

松井　大樹（愛知県江南市立北部中学校）

【編著者紹介】

玉置　崇（たまおき　たかし）

1956年生まれ。公立小中学校教諭、国立大学附属中学校教官、中学校教頭、校長、県教育委員会主査、教育事務所長などを経て、平成24年度から3年間、愛知県小牧市立小牧中学校長。平成27年度より岐阜聖徳学園大学教授。

文部科学省「学校教育の情報化に関する懇談会」委員、「新時代の学びにおける先端技術導入実証事業」推進委員、中央教育審議会専門委員を歴任。

数学教育に関する著書に『中学校数学授業　発問・言葉かけ大全　生徒が考えたくなるキーフレーズ100』『WHYでわかるHOWでできる　中学校数学授業アップデート』『中学校　数学の授業がもっとうまくなる50の技』『中学校　新学習指導要領　数学の授業づくり』『スペシャリスト直伝！中学校数学科授業成功の極意』（以上明治図書、単著）など。

その他に、学校運営、学級経営、仕事術、話術などにかかわる著書多数。

わかる！楽しい！
中学校数学授業のネタ110　1年

2025年2月初版第1刷刊　Ⓒ編著者　玉　置　　　崇
発行者　藤　原　光　政
発行所　明治図書出版株式会社
　　　　http://www.meijitosho.co.jp
　　　（企画）矢口郁雄（校正）安藤龍郎
〒114-0023　東京都北区滝野川7-46-1
振替00160-5-151318　電話03(5907)6701
ご注文窓口　　　　　電話03(5907)6668

＊検印省略　　　組版所　藤原印刷株式会社

本書の無断コピーは、著作権・出版権にふれます。ご注意ください。

Printed in Japan　　ISBN978-4-18-243123-4

もれなくクーポンがもらえる！読者アンケートはこちらから　→

授業がガラッと変わるほど、
問いや支援、価値づけの語彙が豊かに！

玉置 崇【著】

数学授業で役立つ発問や言葉かけを目的別に100個収録。「次はどんなことを言うと思う？」（問題把握）、「どこに動かしても言えるかな？」（条件変え）、「これですべてかな？」（きまり）、「表情発言でも大丈夫！」（全員参加）等々、超実践的なフレーズ集です。

224ページ／四六判／定価 2,376円(10%税込)／図書番号：2535

明治図書　携帯・スマートフォンからは　**明治図書 ONLINE へ**　書籍の検索、注文ができます。▶▶▶
http://www.meijitosho.co.jp　＊4桁の図書番号で、HP、携帯での検索・注文が簡単に行えます。
〒114-0023　東京都北区滝野川7-46-1　ご注文窓口　TEL 03-5907-6668　FAX 050-3156-2790